SIGNETS
BELLES LETTRES

Collection dirigée
par
Laure de Chantal

MONSTRES
ET MERVEILLES

Créatures prodigieuses de l'Antiquité

MONSTRES ET MERVEILLES

Créatures prodigieuses de l'Antiquité

Précédé

d'un entretien avec Gilbert Lascault

Textes réunis et présentés

par

Isabelle Jouteur

Deuxième tirage

LES BELLES LETTRES

2021

© 2021, Société d'édition Les Belles Lettres
95, boulevard Raspail 75006 Paris

www.lesbelleslettres.com

Premier tirage 2009

ISBN: 978-2-251-03007-4

ENTRETIEN
AVEC GILBERT LASCAULT

Gilbert Lascault est Professeur émérite de philosophie de l'art à l'université Panthéon-Sorbonne, Paris I, ainsi que régent de tératoscopie et de dinographie au Collège de pataphysique. Il est l'auteur de très nombreux ouvrages, de monographies (sur Ernst, Bacon, Malaval), de livres de fiction (Le Petit Chaperon rouge, partout, *Fata Morgana*, 2007), *de commentaires fictionnels en association avec des artistes contemporains (Henri Cueco, Pierre Alechinsky), et de livres d'esthétique* (Figurées, défigurées. Petit vocabulaire de la féminité représentée, *éditions du Félin, 2008), dont* Le Monstre dans l'art occidental *(Klincksieck, 1973). Il collabore à* La Quinzaine littéraire, *à* France Culture *et à* Télérama *(Hors-série). Un livre collectif a été récemment consacré à son œuvre* (Les Fables du visible et l'esthétique fictionnelle de G. Lascault, *sous la direction de F. Coblence, Bruxelles, éditions* La Lettre volée, 2003).

ISABELLE JOUTEUR: *Dans vos recherches philosophiques, vous avez publié* Le Monstre dans l'art occidental, *en 1973. C'était votre thèse ès lettres. Vous définissez le monstre comme toujours troublant, séduisant et inquiétant.*

GILBERT LASCAULT: Le monstre dans l'art peut être défini comme la création, par l'imagination humaine, d'un être matériel que son créateur n'a pas pu rencontrer. Peu importe que ce créateur ait cru ou non à son existence dans une contrée lointaine ou mythique, qu'il ait eu ou non, au moment de la création, l'intention consciente d'instaurer ainsi un écart par rapport à la nature. Le monstre se définit donc comme *différence* par rapport à la perception que l'on a généralement du monde naturel. C'est Aristote qui définit le monstre comme une distance à la nature ; il existe contre nature. Pendant la Renaissance, en Italie, les humanistes ont été fascinés en découvrant les décors fantastiques qui ornent les murs de la *Domus aurea*, le palais de Néron. L'artiste Benvenuto Cellini (1500-1571) admire alors les monstres de l'Antiquité, les êtres hybrides : « Les grotesques ont été ainsi nommés par les modernes parce que ce sont dans des caves de Rome [...] que des savants curieux les ont redécouverts [...]. D'où le nom de grotesques donné à ces décorations. Mais ce n'est pas leur nom. Les Anciens, en effet, aimaient à composer des animaux fantastiques, tenant de la chèvre, de la vache et de la cavale et, de même, ils formaient avec les rinceaux de feuillage des espèces de monstres. Et c'est ce terme de monstres, non celui de grotesques, qu'il faut appliquer à ces compositions. » Les artistes de la Renaissance s'inspirent alors des formes des Anciens ; ils les modifient. Ils composent donc l'étrangeté : des « compositions » dont parle Cellini, des agencements nouveaux, des arrangements, des charpentes inaccoutumées, des structures insolites, les organisations de la peinture pariétale. Les artistes imaginent des anti-mondes.

Donc, en particulier, chez les Antiques, se tissent les fables et les images, les mots et les formes qui suggèrent un royaume de l'inaccoutumé.

Oui. Les artistes et les écrivains sont des voyageurs de ce royaume de l'inaccoutumé. Ils rencontrent les démons et les merveilles. Circulent et dialoguent les textes et les figures. Se mêlent les jeux décoratifs et les récits. Vous regardez les faunes, les Centaures, les cyclopes, les sphinx et d'autres sur les vases peints, sur les murs, sur les mosaïques des sols, aux frontons des temples. Curieusement, vous découvrez aussi des formes fantastiques sur certaines pierres gravées antiques, sur des sceaux, sur des monnaies. Le grand historien d'art Jurgis Baltrušaitis, un de mes amis, a publié *Le Moyen Âge fantastique: antiquités et exotismes dans l'art gothique* (1955, puis réédité). Surgissent des génies multicéphales, des têtes déplacées, une tête à jambes, un poisson-bateau, des mollusques parés de têtes (de loup, d'oiseau, de lièvre, d'homme), des bêtes dans leurs coquilles impossibles... D'ailleurs, dans votre « Signet », vous citez une phrase de Suétone: elle indique un sceau à l'effigie du Sphinx qu'utilisait Auguste pour la signature de documents officiels.

Alors, venues de médailles grecques et latines, les formes monstrueuses s'agitent, bougent, voyagent; on les retrouve plus tard, par exemple, dans les peintures de Bosch, de Bruegel, puis chez Dali, chez Max Ernst, puis, aujourd'hui, dans des œuvres de Dado ou sur les tee-shirts des adolescents... Le monstrueux circule sans cesse.

À travers les siècles, dans les pays divers, les formes monstrueuses évoluent en des styles différents. Elles sont parfois oubliées provisoirement; puis elles se réveillent et reviennent autrement. Parfois, elles sont protégées dans des réserves, puis elles se libèrent. Elles sont permanentes. Selon Jurgis Baltrušaitis, « l'humanité ne cesse jamais d'aimer les monstres; et elle les trouve là où ils sont ». L'art roman, le gothique, le maniérisme, le baroque, le romantisme, les surréalistes raniment et changent le monstrueux.

Même dans des périodes de classicisme, les monstres sont apprivoisés, décorés, déguisés. Dans les jardins de Versailles, tritons, faunes et Centaures rencontrent les cerfs et les dauphins. En 1777, un théoricien, Dandré-Bardon, justifie la présence des monstres décoratifs: « Ils sont nés depuis plusieurs années; depuis longtemps, ils ont fait fortune: ils ont acquis, pour ainsi dire, droit de bourgeoisie parmi le genre humain. »

D'ailleurs, Nicolas Boileau accepte les formes monstrueuses qui seraient agréables, élégantes : « Il n'est
point de serpent, ni de monstre odieux/Qui par l'art
imité ne puisse plaire aux yeux./D'un pinceau délicat
l'artifice agréable/Du plus affreux objet fait un objet
aimable. » Dans *Phèdre*, la rhétorique racinienne apprivoise le monstre meurtrier. Et, dans votre « Signet »,
vous citez le monstre marin que décrit Sénèque dans sa
Phèdre... Ou bien, dans telle *Bacchanale* de Poussin, le
corps du faune est en partie masqué par des guirlandes
de fleurs...

Qui commence à créer tel monstre ? L'artiste ou l'écrivain ?

Nul ne sait... La peinture, la sculpture, la littérature
jouent, s'allient, se mêlent, proposent des stratégies
complexes. La peinture et la sculpture sont narratives ; la
littérature décrit des formes. En des manières variées, le
monstrueux se déguise et se manifeste. Il se cache et se
révèle. Il se perd et se retrouve.

*Quelle est la valeur du monstre dans l'Antiquité ? Que
représente-t-il ? Et aujourd'hui : quelle est notre conception du
monstre ? Que doit-elle à l'Antiquité ?*

L'Antiquité est, en partie, monstrueuse. Bien sûr, elle
choisit souvent l'ordre, les lois, les règles, l'éthique, le
classicisme, le beau, le bien, le vrai, le juste. Mais elle
connaît ses aspects démesurés, excessifs, difformes, anormaux, illégaux, insolites, étonnants, déréglés, scanda-
leux, pervers, corrompus, mauvais, violents, dangereux.
Dans la *Théogonie* d'Hésiode, les fils « terribles », nés de
Ciel et de Terre, avaient chacun cent bras et cinquante
têtes... Cerbère, « le chien d'Hadès », est un des monstres qui gardaient l'empire des morts. Il en interdisait
l'entrée aux vivants et surtout leur sortie. Selon certaines
légendes, il avait trois gueules de chien, aboyait et mor-
dait ; sa queue était formée par un serpent et, sur le dos,

se dressaient des têtes de serpent... Féroces et voraces, les monstres menacent. Ils attaquent et tuent. Ils proposent des périls, des écueils, des îles maudites. Ulysse échappe aux mélodieuses Sirènes, au sauvage Cyclope Polyphème, à Charybde, à Scylla...

Les monstres sont souvent des hybrides, des êtres composites : Centaures, faunes, sphinges, griffons, chimères... Ou bien ces êtres sont souvent formés par des additions d'organes. Cette anthologie du « Signet » propose des multiplications de membres. L'*Odyssée* décrit Scylla : douze pieds qui ne sont que des moignons et, sur six cous géants, six têtes effroyables qui ont, chacune en sa gueule, trois rangs de dents « serrées, imbriquées »... Pour mieux surveiller, pour être un gardien efficace, Argus a une tête entourée de cent yeux ; Ovide précise que « ses yeux se reposent à tour de rôle, par groupes de deux à la fois » ; et « tous les autres veillent et restent en faction » ; il voit Io devant ses yeux, « même le dos tourné »... Selon Diodore de Sicile, l'hydre de Lerne a cent cous, surmontés de serpents, sortant de son corps unique ; si l'on coupe l'un de ses cous, deux têtes effroyables surgissent... Et, dans l'*Énéide*, Virgile évoque la Rumeur, « monstre démesuré » : « Autant il a de plumes sur le corps, autant d'yeux vigilants et autant de langues, autant de bouches qui parlent, autant d'oreilles qui se dressent. »

Le monstrueux intervient dans le chaos, dans les commencements du monde, dans une fin annoncée, dans l'ailleurs. Ce seraient assez souvent des temps d'angoisse, de détresse, de terreur.

Vous pouvez aussi lire des textes de l'Antiquité tardive : les *Vies* des pères du désert, des anachorètes (IVe siècle). Se racontent les *Tentations* de saint Antoine. Il est persécuté par des diables, les Centaures, les faunes, et parallèlement les aguicheuses, dont un pied est une serre. Les monstres grouillent autour du saint qui prie. Les monstres le taquinent.

Donc, dans les mythes, dans les épopées, dans les textes philosophiques, l'homme combat les monstres. Et l'homme gagne...

Les héros détruisent les monstres. Héraclès, Œdipe, Thésée, d'autres, sont les conquérants, les guerriers. Ils domptent. Ils dominent la situation. Ils choisissent l'humanité, l'intelligence, la pensée, contre l'obscur, contre le désordre. Gide (*Thésée*, 1946) évoque le héros désinvolte et ironique : « Je crois avoir rendu quelques notoires services ; j'ai définitivement purgé la terre de maints tyrans, bandits et monstres... » Thésée entre dans un labyrinthe et il tue le Minotaure, qui était le maître emprisonné de son labyrinthe... Ou bien Bellérophon monte sur Pégase, le cheval ailé, et frappe, d'un seul coup, la Chimère... Ou encore (surtout peut-être) Œdipe trouve la réponse de l'énigme de la Sphinge ; le héros affirme qu'il est lui-même et qu'il est un homme ; il pousse la Sphinge à se suicider. Tout réussit à Œdipe ; tout réussit trop. Il épouse la reine ; il devient roi de Thèbes et père. Puis les effets de la Sphinge morte seront la peste dans la cité, la révélation de l'inceste, l'aveuglement du héros (qui voyait trop et mal), la mort de sa mère-épouse...

Et vous relirez peut-être un texte étrange d'André Malraux, *La Tentation de l'Occident* (1926). Un Chinois s'exprime dans ce livre : « Le monstre (dragon, sphinx, taureau ailé...) est un des miroirs de l'Orient ; mais il l'est aussi de cette partie de l'âme que tenta de réduire la Grèce [...]. L'Occident naît là (en Grèce), avec le dur visage de Minerve, avec ses armes, et aussi les stigmates de sa future démence [...]. Il est sage de laisser reposer en paix, insinuent les magiciens de mon pays, les dragons qui dorment sous la terre... Après la mort du Sphinx, Œdipe s'attaque à lui-même. » Donc, selon André Malraux, l'Occident s'attaquerait trop vite aux monstres alors que l'Orient les apprivoiserait ou les laisserait endormis... Il faut se méfier des monstres apparemment abattus. La bête abolie nuit encore.

Dans votre livre, certains monstres ne sont pas toujours féroces, méchants.

Effectivement… Dans votre « Signet », certains textes de l'Antiquité mettent en évidence des monstres bienveillants, amoureux de la sagesse. Ainsi, le Centaure très savant, Chiron, éleva Achille, mais aussi Jason, Asclépios… Ou bien les griffons sont des gardiens qui protègent les trésors matériels (l'or) et spirituels ; ces bêtes fabuleuses sont consacrées à Apollon… Ou encore, Platon (dans *La République*) imagine les voix différentes de huit sirènes, qui composent l'Harmonie des Sphères…

Nous trouvons parfois aussi le côté tendre de monstres anthropophages. Ils peuvent être ambigus. Dans votre anthologie de textes antiques, vous citez une *Idylle* de Théocrite. Le Cyclope sanguinaire est épris de la néréide Galatée : « Blanche Galatée, pourquoi repousses-tu celui qui t'aime – toi plus blanche à voir que du lait caillé, plus tendre que l'agneau, plus fringante que la génisse, plus luisante que le raisin vert ? » Le Cyclope est naïf et amoureux. Il joue de la syrinx. Il supplie Galatée de délaisser les contrées marines et de venir dans son antre pour la nuit.

Quel est votre monstre favori ?

J'adore les récits fantastiques et drôles de Lucien de Samosate. Dans votre « Signet », on découvre la bataille des armées épouvantables et comiques. Interviennent les cavaliers vautours (les hippogypes), les archers montés sur des puces géantes (les psyllotoxotes), les oiseaux qui ont des ailes de légumes (les lachanoptères), les coureurs des vents (les anémodromes), les grues-chevaux (les hippogéranes), les glands-chiens (les kynobalanes), les Centaures des nuages (les néphélocentaures)… Lucien de Samosate imagine une *guerre antique des étoiles*. Car parfois les monstres amusent. Ils surgissent dans des rêves plaisants.

CARTES

La Méditerranée antique (1 cm = 280 km)

© Les Belles Lettres

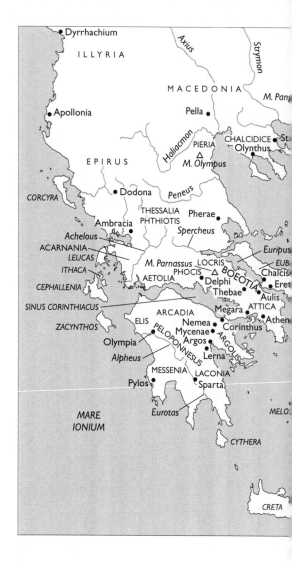

Le monde grec (1 cm = 98 km)

© Les Belles Lettres

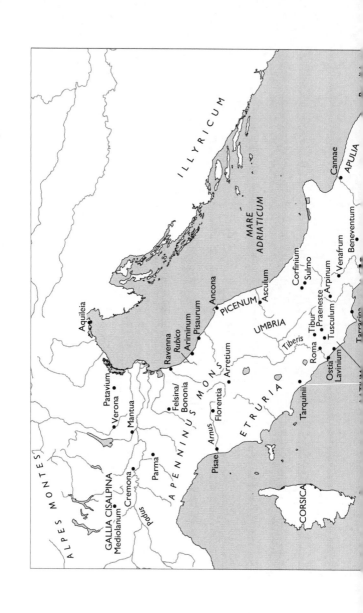

L'Italie antique (1 cm = 93 km)

© Les Belles Lettres

I

MÈRE NATURE,
MONSTRUEUSE

AUX ORIGINES DU MONDE

La représentation que les Anciens se font des origines du monde éveille immanquablement des images extraordinaires. Monstres, dragons et espèces fabuleuses sont les acteurs incontournables des premiers temps de l'univers. Le cosmos encore inorganisé produit le chaos, et avec lui des êtres à la morphologie aberrante, complexe ou terrifiante. À la différence des cosmogonies orientales où domine le serpent, dont la forme élémentaire et molle symbolise la matière première, avant la diversification des espèces – l'on pense au dragon chinois –, le monde gréco-romain privilégie les formes hybrides, en les associant d'emblée à la laideur et au conflit. Célèbres sont les titanomachie et gigantomachie, qui mettent aux prises une première génération de divinités monstrueuses avec celle des dieux olympiens, dont la victoire sur la force anarchique aboutit à la consécration de l'ordre enfin établi. Le récit fondateur en est fourni par Hésiode, dans un texte qui constitue une référence pour les mythologues et qui alimente les débats des philosophes, scholiastes et commentateurs lorsqu'ils s'interrogent sur la genèse du monde, sur les lois de la nature, ou sur l'existence de ces créatures d'exception.

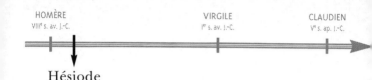

HOMÈRE
VIIIᵉ s. av. J.-C.

VIRGILE
Iᵉʳ s. av. J.-C.

CLAUDIEN
Vᵉ s. ap. J.-C.

Hésiode

Au commencement du monde, le chaos et les ténèbres ! Hésiode conte le passage du néant originel à l'avènement des dieux en égrenant les couples primordiaux Érèbe-Nuit, Terre-Ciel, Terre-Flot et leurs progénitures extraordinaires, jusqu'aux dieux olympiens. Terre enfante Cyclopes et Titans. De la mutilation d'Ouranos par son fils Cronos naissent Géants et Érinyes.

VIOLENTE ET PRODIGIEUSE COSMOGONIE

[Terre] mit aussi au monde les Cyclopes[1] au cœur violent, Brontès, Stéropès, Arghès à l'âme brutale, en tout pareils aux dieux, si ce n'est qu'un seul œil était placé au milieu de leur front. Vigueur, force et adresse étaient dans tous leurs actes.

D'autres fils naquirent encore de Ciel et Terre, trois fils, grands et forts, qu'à peine on ose nommer, Cottos, Briarée, Gyès, enfants pleins d'orgueil. Ceux-là avaient chacun cent bras, qui jaillissaient, terribles, de leurs épaules, ainsi que cinquante têtes, attachées sur l'épaule à leur corps vigoureux. Et redoutable était la puissante vigueur qui complétait leur énorme stature.

Car c'étaient de terribles fils que ceux qui étaient nés de Terre et de Ciel, et leur père les avait en haine depuis le premier jour. À peine étaient-ils nés qu'au lieu de les laisser monter à la lumière il les cachait tous dans le sein de Terre, et, tandis que Ciel se complaisait à cette œuvre mauvaise, l'énorme Terre en ses profondeurs gémissait, étouffant. Elle imagine alors une ruse perfide et cruelle. Vite, elle crée le blanc métal acier ; elle en fait une grande serpe, puis s'adresse à ses enfants, et, pour exciter leur courage, leur dit, le cœur indigné : « Fils issus de

---

1. Pour une description de chacun des monstres, voir en annexe « Les monstres gréco-romains ».

moi et d'un furieux, si vous voulez m'en croire, nous châtierons l'outrage criminel d'un père, tout votre père qu'il soit, puisqu'il a le premier conçu œuvres infâmes. »

Elle dit ; la terreur les prit tous, et nul d'eux ne dit mot. Seul, sans trembler, le grand Cronos aux pensers fourbes réplique en ces termes à sa noble mère : « C'est moi, mère, je t'en donne ma foi, qui ferai la besogne. D'un père abominable je n'ai point de souci, tout notre père qu'il soit, puisqu'il a le premier conçu œuvres infâmes. »

Il dit, et l'énorme Terre en son cœur sentit grande joie. Elle le cacha, le plaça en embuscade, puis lui mit dans les mains la grande serpe aux dents aiguës et lui enseigna tout le piège. Et le grand Ciel vint, amenant la nuit ; et, enveloppant Terre, tout avide d'amour, le voilà qui s'approche et s'épand en tous sens. Mais le fils, de son poste, étendit la main gauche tandis que, de la droite, il saisissait l'énorme, la longue serpe aux dents aiguës ; et, brusquement, il faucha les bourses de son père pour les jeter ensuite, au hasard, derrière lui. Ce ne fut pas pourtant un vain débris qui lors s'enfuit de sa main. Des éclaboussures sanglantes en avaient jailli ; Terre les reçut toutes, et, avec le cours des années, elle en fit naître les puissantes Érinyes, et les grands Géants aux armes étincelantes, qui tiennent en leurs mains de longues javelines, et les nymphes aussi qu'on nomme Méliennes, sur la terre infinie.

Théogonie, 139-187

Après la généalogie des enfants de Nuit, Hésiode évoque ici la descendance monstrueuse d'Échidna, fille de Terre et de Flot. Unie à Typhon, Échidna met au monde Cerbère, Chimère, Pégase, Phix, créatures serpentines et terribles à l'image du couple parental. Ces hydres nées de l'eau et ces monstres à composante reptilienne ne sont pas sans faire songer aux stégosaures, tricératops et autres dinosaures, dont l'existence a été révélée par les découvertes de la paléontologie.

LA DESCENDANCE DE FLOT

[Terre] enfanta aussi un monstre irrésistible, qui ne ressemble en rien ni aux hommes mortels ni aux dieux immortels. Au creux d'une grotte naquit la divine Échidna à l'âme violente. Son corps est pour moitié d'une jeune femme aux belles joues et aux yeux qui pétillent, pour moitié d'un énorme serpent, terrible autant que grand, tacheté, cruel, qui gîte aux profondeurs secrètes de la terre divine. C'est là qu'elle aussi a sa grotte, en bas, sous un rocher creux, loin des dieux immortels et des hommes mortels ; là est l'illustre demeure que lui ont départie les dieux : c'est sous la terre, au pays des Arimes, qu'a été retenue l'atroce Échidna, dont la jeunesse doit échapper à jamais à la vieillesse et à la mort.

À elle, dit-on, s'unit d'amour Typhon – le terrible, l'insolent bandit –, à la vierge aux yeux qui pétillent, et de lui elle conçut et enfanta des enfants au cœur violent. Elle mit d'abord au monde Orthos, le chien de Géryon. – Après lui elle enfantait encore un monstre irrésistible, qu'à peine on ose nommer, le cruel Cerbère, le chien d'Hadès, à la voix d'airain, aux cinquante têtes, implacable et puissant. – Et, après ces deux-là, elle mit encore au monde Hydre, qui ne sait qu'œuvres atroces, le monstre de Lerne, qu'Héra, la déesse aux bras blancs, avait fait grandir pour satisfaire son effroyable haine contre Héraclès le Fort. Mais le fils de Zeus, l'enfant d'Amphitryon, Héraclès, la détruisit d'un airain impitoyable, avec l'aide du belliqueux Iolaos et des conseils d'Athéna, la ramasseuse de butin. – Elle enfantait aussi Chimère, qui souffle un feu invincible, Chimère, terrible autant que grande, rapide et puissante, qui possède trois têtes, l'une de lion à l'œil ardent, l'autre de chèvre, l'autre de serpent, de puissant dragon. Celle-là, ce fut Pégase qui en triompha, avec le preux Bellérophon.

Théogonie, 295-324

HOMÈRE
VIIIe s. av. J.-C.

VIRGILE
Ier s. av. J.-C.

CLAUDIEN
Ve s. ap. J.-C.

Lucrèce

Au sein d'un livre consacré à l'explication de la formation du monde, suivant les principes de la physique épicurienne, Lucrèce recense les diverses productions de la terre depuis ses origines. Les monstres, en tant que production d'une terre assimilée à une matrice géante, sont appréhendés sous l'angle d'une gestation imparfaite ou interrompue, imputable aux premiers essais d'une nature aussi spontanée qu'anarchique. Ces êtres saisis dans leur handicap, androgynes, aveugles, créatures sans mains, embryons de vie, périrent, nous explique le philosophe, par inadaptation au monde ou incapacité de se reproduire de manière autonome ; quand la terre cessa d'enfanter, ce furent les espèces conçues qui se reproduisirent d'elles-mêmes. Le monstrueux, dont l'existence est ainsi réduite par les conditions de la reproduction et de la viabilité, se voit rejeté dans le temps très lointain de la préhistoire de l'humanité ou dans le champ de la marginalité.

LES ENFANTEMENTS DE LA NATURE

Aussi, encore une fois, ce nom de mère que la terre a reçu, elle le garde à juste titre puisque d'elle-même elle a créé le genre humain, et produit pour ainsi dire à la date fixée toutes les espèces animales qui errent et s'ébattent sur les hautes montagnes, en même temps que les oiseaux de l'air aux aspects différents. Mais, comme sa fécondité doit avoir un terme, la terre cessa d'enfanter, telle une femme épuisée par la longueur de l'âge. Car la nature du monde entier se modifie avec le temps : sans cesse un nouvel état succède à un plus ancien suivant un ordre nécessaire ; aucune chose ne demeure semblable à elle-même ; tout passe, tout change et se transforme aux ordres de la nature. Un corps tombe en poussière et s'épuise et dépérit de vieillesse ; puis un autre croît à sa place et sort de l'obscurité.

7

Ainsi donc la nature du monde entier se modifie avec le temps; la terre passe sans cesse d'un état à un autre: ce qu'elle a pu jadis lui devient impossible; elle peut produire ce dont elle était incapable.

Nombreux aussi furent les monstres que la terre en ce moment s'efforça de créer, et qui naissaient avec des traits et des membres étranges: tel l'androgyne, intermédiaire entre les deux sexes, qui n'est ni l'un ni l'autre et n'appartient à aucun; êtres privés de pieds ou dépourvus de mains, ou encore muets et sans bouche, ou qui se trouvaient être aveugles et sans regard, ou dont les membres captifs demeuraient entièrement soudés au corps et qui ne pouvaient rien faire, ni se mouvoir, ni éviter le danger, ni pourvoir à leurs besoins. Tous ces monstres et tous les prodiges de cette sorte que la terre mettait au monde, c'est en vain qu'elle les créa, car la nature interdit leur croissance, et ils ne purent toucher à cette fleur de l'âge tant désirée, ni trouver de nourriture, ni s'unir par l'acte de Vénus. Car, nous le voyons, il faut le concours de bien des circonstances pour que les espèces puissent, en se reproduisant, se propager: d'abord des moyens de se nourrir; puis une issue par où la semence génitale distribuée dans l'organisme puisse s'écouler hors du corps alangui; enfin pour que la femelle puisse s'unir au mâle, la possession d'organes qui lui permettent d'échanger des joies partagées.

De la nature, V, 821-854

Le poète conteste l'existence des Centaures, Chimères et Scylles, au nom de l'immuabilité des lois de la nature, qui, dans ses productions, reste constante. Il plaide donc en faveur de l'impossibilité d'une mutation ou d'un mélange: le rythme de croissance de chaque espèce lui est spécifique et interdit toute possibilité de combinaison.

IMPOSSIBLES HYBRIDATIONS

Ne va donc pas croire que du croisement de
l'homme avec la race des chevaux puissent se former
des Centaures, ni que ceux-ci existent, non plus que ces
monstres au bas-ventre ceint de chiens furieux, ces
Scylles aux corps demi-poissons, et tous les êtres de ce
genre qui ne présentent à nos yeux que des membres
disparates, êtres dont les parties n'atteignent en même
temps ni la fleur de l'âge ni l'épanouissement des forces, ni le déclin de la vieillesse, qui ne brûlent point des
mêmes amours, ne s'accordent point dans leurs mœurs
et ne peuvent enfin se plaire aux mêmes aliments : c'est
ainsi qu'on peut voir les chèvres à longue barbe s'en-
graisser avec la ciguë, qui pour l'homme est un poison
violent. Et, puisque d'autre part la flamme brûle et
consume aussi bien le corps fauve des lions que toute
espèce de chair et de sang qui existe sur terre, comment aurait-il pu se faire qu'un monstre à la fois un et
triple, lion par-devant, dragon par-derrière, et par le
milieu Chimère, comme on l'appelle, soufflât par la
bouche une ardente flamme issue de son propre
corps ?

Ainsi donc, imaginer qu'au temps où la terre était
nouvelle, le ciel nouveau-né, de tels animaux aient pu
naître, et s'appuyer pour cela uniquement sur ce vain
mot de nouveauté, c'est s'autoriser à débiter mille
fables de même nature : à cette époque, pourra-t-on
dire, des fleuves d'or coulaient tout à travers la terre ;
au lieu de fleurs, les arbres se couvraient de pierres précieuses ; ou bien encore il naquit alors un homme
d'une taille si prodigieuse, aux membres si gigantesques, que d'un seul pas il pouvait franchir les mers pro-
fondes, et de ses mains faire tourner autour de lui le
ciel tout entier. Car, de ce qu'il y eut sur la terre de
nombreux germes différents à l'époque où elle commença à produire les animaux, on ne peut nullement

conclure, comme d'un signe certain, qu'il ait pu se créer des êtres aussi hybrides, des assemblages de membres aussi disparates.

De la nature, V, 890-919

L'existence des monstres est réfutée au nom des lois naturelles qui régissent la combinaison des atomes.

LA COMBINATOIRE ATOMIQUE

Pourtant il ne faut pas croire que tous les éléments puissent se combiner de toutes les façons, autrement partout on verrait se créer des monstres, des êtres mi-hommes, mi-bêtes, venir au monde, parfois aussi de hautes branches s'élancer d'un corps vivant, des membres d'animaux terrestres s'unir à des parties d'animaux marins, et même des chimères soufflant la flamme par leur gueule effroyable, que nourrirait la nature sur la terre mère de toutes choses. De tout cela il est manifeste que rien ne se produit, puisque tous les corps, engendrés par des semences définies, par une mère définie, ont, comme nous le voyons, la faculté de conserver en grandissant leurs caractères spécifiques. Évidemment, ceci ne peut se produire que suivant un plan défini. Car, parmi la masse des aliments absorbés par le corps, certains éléments se répandent dans les organes auxquels ils sont destinés et se combinent avec eux pour produire les mouvements nécessaires à la vie ; pour ceux au contraire qui ne peuvent s'assimiler, nous voyons la nature les rendre à la terre ; un grand nombre aussi, qui demeurent invisibles à nos yeux, s'échappent de notre corps sous l'impulsion de certains chocs : ceux-là n'ont pu entrer dans aucune combinaison ni s'associer dans le corps aux mouvements vitaux pour les reproduire.

De la nature, II, 700-717

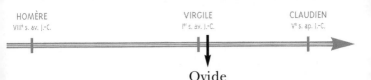

HOMÈRE
VIIIe s. av. J.-C.

VIRGILE
Ier s. av. J.-C.

CLAUDIEN
Ve s. ap. J.-C.

Ovide

Encore un récit de la création du monde, cette fois inséré dans une épopée de la métamorphose où les mythes du répertoire grec sont emportés par le mouvement de la création poétique. Après avoir retracé les grandes étapes de la création, les âges de l'humanité, le déluge, Ovide montre comment la terre engendra Python. Clairement inspiré de Lucrèce, l'épisode fait transition avec le récit du meurtre du serpent géant par le dieu Apollon.

NAISSANCE DE PYTHON

La terre enfanta d'elle-même les autres animaux sous des formes diverses, lorsque l'humidité qu'elle retenait encore se fut échauffée sous les feux du soleil, lorsque la chaleur eut enflé la fange et les eaux marécageuses, lorsque les germes féconds des choses, nourris par un sol vivifiant, se développèrent comme dans le sein d'une mère et prirent avec le temps des figures différentes. Ainsi, quand le Nil aux sept embouchures a quitté les champs inondés et ramené ses flots dans leur ancien lit, quand du haut des airs l'astre du jour a fait sentir sa flamme au limon récent, les cultivateurs, en retournant la glèbe, y trouvent un très grand nombre d'animaux : ils en voient qui sont à peine ébauchés, au moment même de leur naissance ; d'autres imparfaits et dépourvus de quelques-uns de leurs organes ; souvent dans le même corps une partie est vivante, l'autre n'est encore que de la terre informe. En effet, lorsque l'humidité et la chaleur se sont combinées l'une avec l'autre, elles conçoivent ; c'est de ces deux principes que naissent tous les êtres ; quoique le feu soit ennemi de l'eau, un rayonnement humide engendre toutes choses, et la concorde dans la discorde convient à la reproduction. Donc, aussitôt que la terre, couverte de boue par le déluge récent, recommença à recevoir du haut des airs la chaleur des

11

rayons du soleil, elle donna le jour à des espèces innombrables : tantôt elle rendit aux animaux leur figure primitive, tantôt elle créa des monstres nouveaux. Ce fut bien contre son gré qu'elle t'enfanta aussi à cette époque, colossal Python ; pour les peuples nouveau-nés, serpent alors inconnu, tu étais un objet de terreur, tant tu occupais d'espace le long de la montagne.

Les Métamorphoses, I, 416-440

FORCES HOSTILES

Les phénomènes physiques, climatiques, géologiques, sont imputés à l'existence de créatures divines ou monstrueuses en colère, lorsque la nature manifeste une violence inaccoutumée, laissant l'observateur humain aussi surpris que désemparé : cataclysmes, ouragans, cyclones, éruptions volcaniques, tempêtes, tornades. Les monstres logent dans la nature déchaînée, dans les tréfonds de la terre, au cœur des volcans, dans la boue des marécages. Ils se signalent par leur immensité, leur force ou leur ruse, possèdent une puissance qui dépasse celle de l'homme. Parmi ces habitants des profondeurs, des grottes, des territoires sauvages ou maritimes, Typhon, Python, Sirènes, Harpyes, Chimères, hydres et nuées.

HOMÈRE
VIIIᵉ s. av. J.-C.

VIRGILE
Iᵉʳ s. av. J.-C.

CLAUDIEN
Vᵉ s. ap. J.-C.

Homère

Circé énumère à Ulysse les dangers qui se présenteront à lui lors de sa navigation, dont les terribles monstres marins qu'il lui faudra éviter. Une interprétation évhémériste[1] verra en Scylla le symbole des rapines des pirates.

LES DANGERS DE LA NAVIGATION : SIRÈNES, SCYLLA

« Il vous faudra d'abord passer près des Sirènes. Elles charment tous les mortels qui les approchent. Mais bien fou qui relâche pour entendre leurs chants ! Jamais en son logis sa femme et ses enfants ne fêtent son retour, car, de leurs fraîches voix, les Sirènes le charment, et le pré, leur séjour, est bordé d'un rivage tout blanchi d'ossements et de débris humains, dont les chairs se corrompent… Passe sans t'arrêter ! Mais pétris de la cire à la douceur de miel et, de tes compagnons, bouche les deux oreilles : que pas un d'eux n'entende ; toi seul, dans le croiseur, écoute, si tu veux ! mais, pieds et mains liés, debout sur l'emplanture, fais-toi fixer au mât pour goûter le plaisir d'entendre la chanson, et, si tu les priais, si tu leur commandais de desserrer les nœuds, que tes gens aussitôt donnent un tour de plus !

[…]

À mi-hauteur se creuse une sombre caverne, qui s'ouvre, du côté du noroît, vers l'Érèbe : du fond de ton vaisseau, c'est sur elle qu'il faut gouverner, noble Ulysse ! Mais, du fond du vaisseau, le plus habile archer ne saurait envoyer sa flèche en cette cave, où Scylla, la terrible aboyeuse, a son gîte. Sa voix est d'une chienne, encore

---

1. Du nom du philosophe Évhémère, à l'origine d'une doctrine considérant les dieux comme d'anciens mortels divinisés ; par extension, le terme désigne un processus de rationalisation des mythes.

toute petite ; mais c'est un monstre affreux, dont la vue est sans charme et, même pour un dieu, la rencontre sans joie. Ses pieds – elle en a douze – ne sont que des moignons ; mais sur six cous géants six têtes effroyables ont, chacune en sa gueule, trois rangs de dents serrées, imbriquées, toutes pleines des ombres de la mort. Enfoncée à mi-corps dans le creux de la roche, elle darde ses cous hors de l'antre terrible et pêche de là-haut, tout autour de l'écueil que fouille son regard, les dauphins et les chiens de mer et, quelquefois, l'un de ces plus grands monstres que nourrit par milliers la hurlante Amphitrite. Jamais homme de mer ne s'est encore vanté d'avoir fait passer là sans dommage un navire : jusqu'au fond des bateaux à la proue azurée, chaque gueule du monstre vient enlever un homme. »

Odyssée, XII, 39-100

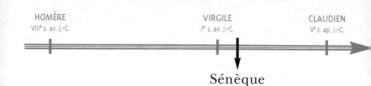

HOMÈRE
VIII° s. av. J.-C.

VIRGILE
I° s. av. J.-C.

CLAUDIEN
V° s. ap. J.-C.

Sénèque

La tradition mythique avait transformé les dangers du détroit de Messine, tourbillons marins et écueils, en deux monstres effrayants se faisant face. Sénèque, rationaliste, admet que Scylla ne soit qu'un rocher. Mais d'où vient Charybde ? Par quel phénomène naturel expliquer les tourbillons de l'eau ? Le philosophe les attribue à un courant atmosphérique.

TOURBILLONS MARINS

J'attends des lettres de toi me signalant ce que ta tournée dans tout le pays de Sicile t'aura fait voir de nouveau et tout ce que l'on a de positif sur Charybde. Quant à Scylla, ce n'est qu'un roc qui n'effraie pas les marins, je le sais parfaitement. Mais Charybde répond-elle aux histoires qu'on en fait ? Je voudrais que tu me le dises tout au long. Si par hasard tu t'es livré à des observations sur place – et le phénomène mérite l'attention de l'observateur –, éclaire-nous sur cette question : est-ce sous l'action d'un vent particulier que se creusent les gouffres, ou bien tout courant atmosphérique peut-il déterminer le tournoiement ? Faut-il croire que tout ce que saisit le tourbillon du détroit est entraîné sous les eaux l'espace d'un certain nombre de milles et ne reparaît que sur la côte de Tauroménium ?

Lettres à Lucilius, 79, 1

HOMÈRE
VIII⁰ s. av. J.-C.

VIRGILE
I⁰ˢ s. av. J.-C.

CLAUDIEN
Vⁿ s. ap. J.-C.

Diodore de Sicile

L'hydre de Lerne vivait dans une zone marécageuse située près d'Argos. Fille d'Échidna et de Typhon, elle possédait plusieurs têtes (de cinq à cent suivant les auteurs), dont une immortelle, et toutes repoussaient lorsqu'elles étaient sectionnées. Hercule en vint à bout lors de son deuxième travail. La renaissance spontanée des têtes symbolise, selon une interprétation évhémériste[1] du mythe, le retour de l'eau en zone marécageuse et la lutte incessante de l'homme contre une nature qui réaffirme ses droits.

LES MARÉCAGES DE LERNE

La deuxième tâche qu'il reçut l'ordre d'accomplir fut de tuer l'hydre de Lerne. Cent cous surmontés de têtes de serpents sortaient de son corps unique. Si l'on détruisait l'un de ces cous, il surgissait, à l'endroit où il avait été coupé, deux têtes. C'est pour cette raison que l'on avait considéré, et c'était logique, qu'elle était invincible – puisque la partie d'elle qu'on avait domptée recevait une double assistance.

Bibliothèque historique, IV, 11, 5

---

1. Voir la note précédente, page 14.

HOMÈRE
VIIIe s. av. J.-C.

VIRGILE
Ier s. av. J.-C.

CLAUDIEN
Ve s. ap. J.-C.

Anonyme

Les fournaises du volcan offriraient aux Cyclopes la matière première pour la fabrication des armes divines ou abriteraient les géants qui s'opposèrent aux Olympiens, notamment le géant Encelade, coincé sous la masse montagneuse et dont les mouvements font jaillir le feu du volcan.

LES FORGES DE L'ETNA

Voici une autre invention des poètes, différente de la première. Ces fournaises, racontent-ils, sont celles qui servaient aux Cyclopes lorsque, frappant en cadence sur l'enclume d'un bras vigoureux, ils forgeaient la foudre redoutable de leurs énormes et pesants marteaux et fabriquaient des armes à Jupiter : légende méprisable et sans garantie !

Autre fiction : une légende impie veut que les feux éternels du sommet de l'Etna soient mis en mouvement par les combattants du camp de Phlégra.

Les géants tentèrent jadis, ô horreur ! de chasser les dieux de la voûte céleste, de faire prisonnier Jupiter, de transmettre son empire à un autre et d'imposer des lois au ciel vaincu. Ces monstres ont l'aspect normal jusqu'au ventre ; au-dessous ce sont des serpents couverts d'écailles qui se replient dans une marche tortueuse.

On construit pour le combat un rempart de monts énormes : le Pélion s'accroît de l'Ossa, et tout au-dessus de l'Ossa repose l'Olympe. Déjà ils s'efforcent d'escalader cet amoncellement de montagnes ; l'impie soldat, tout près des astres apeurés, leur lance un défi ; oui, prêt à l'attaque, il appelle maintenant tous les dieux au combat, leur lance un défi : déjà ses étendards sont arrivés à la troisième ligne. Jupiter, du haut du ciel, est tout tremblant : sa main droite brandit la foudre dont il est armé et il fait disparaître le ciel sous de sombres nuages. Voilà que s'élancent à l'assaut les géants, commençant par pousser une immense clameur ; alors le père des dieux fait entendre la voix puissante du tonnerre qu'encouragent de partout, renouvelant sans cesse leurs efforts, les vents en désordre avec leur cortège d'auxiliaires. Sans cesse à travers les nuées éclate la foudre et se déchaînent des torrents de pluie ; la lutte réunit pour une défense commune tout ce que les dieux ont de puissance. Déjà à la droite du père des dieux était postée Pallas, à sa gauche Mars ; déjà tous les autres dieux sont là, debout, de chaque côté de lui. Jupiter agit en dieu : il fait crépiter ses feux puissants ; le voilà vainqueur et sa foudre renverse les montagnes. Ainsi furent vaincues, mises en déroute par les dieux, entraînées avec l'écroulement des montagnes, ces armées impies ; ils s'enfuient, ces criminels, tête en avant, avec leurs camps, suivis de leur mère qui pousse encore à combattre ses fils vaincus gisant à ses pieds. Alors la paix fut rendue au monde : le voilà délivré et au repos ; les astres ont repris leur place dans le ciel ; dans l'univers qui vient d'être ainsi défendu ils retrouvent leur éclat. Puis, dans les gouffres de Trinacrie, Jupiter ensevelit sous l'Etna Encelade mourant ; celui-ci s'agite sous la masse pesante de la montagne et ses mouvements insolents font jaillir le feu de sa gorge.

L'Etna, 36-73

HOMÈRE
VIIIe s. av. J.-C.

VIRGILE
Ier s. av. J.-C.

CLAUDIEN
Ve s. ap. J.-C.

Pline l'Ancien

*La Chimère, décrite dans l'*Iliade *comme un monstre à tête de lion, ventre de chèvre, queue de serpent, devrait son existence, selon les commentaires tardifs, à un volcan de Lycie portant son nom : la montagne serait peuplée en sa base de serpents, de chèvres sur ses versants, et couronnée en son sommet de flammes.*

LE MONT CHIMÈRE

Cependant, parmi les merveilles du feu dans les montagnes, se place l'Etna, qui brûle toutes les nuits et trouve, depuis tant de siècles, un aliment suffisant pour ses feux, alors qu'il est neigeux en période d'hiver et couvre de givre les cendres qu'il rejette. Et ce n'est pas la seule montagne où la nature se déchaîne en annonçant la combustion totale des terres : dans la région de Phasélis brûle le mont Chimère sans que la flamme en meure ni le jour ni la nuit ; son feu est activé par l'eau mais éteint par la terre ou la fange, à ce que rapporte Ctésias de Cnide. En Lycie encore, les monts Héphestiens prennent feu au contact d'une torche enflammée, à tel point que les pierres aussi et le sable des ruisseaux s'embrasent au sein même de l'eau ; ce feu-là est alimenté par les pluies ; si, d'un bâton allumé à ces monts, on trace un sillon, il est suivi, dit-on, par des ruisseaux de feu. Dans la Bactriane, le sommet du Cophantus brûle la nuit. La plaine brûle en pays mède, et dans la Sittacène, aux confins de la Perse ; elle brûle, en tout cas, à Suse, à la Tour Blanche, par quinze foyers dont le plus grand flambe même pendant le jour.

Histoire naturelle, II, CX

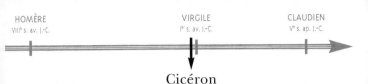

HOMÈRE
VIIIᵉ s. av. J.-C.

VIRGILE
Iᵉʳ s. av. J.-C.

CLAUDIEN
Vᵉ s. ap. J.-C.

Cicéron

Cicéron rapporte la légende selon laquelle les Centaures seraient nés d'une nuée de l'arc-en-ciel, point de vue qu'il réfute.

LA FORME DES NUAGES

Quant aux arguments que tu tirais du ciel et des astres, Balbus, tu ne vois pas comme ils s'étirent loin ? Le soleil et la lune sont des dieux, et les Grecs pensent que le premier est Apollon, la seconde Diane. Mais, si la lune est une déesse, Lucifer et les autres planètes seront aussi au nombre des dieux ainsi que, en conséquence, les étoiles fixes. Et pourquoi l'arc-en-ciel ne serait-il pas mis au rang des dieux ? Il est beau, en effet, et c'est du fait de sa belle apparence, dont on tient l'explication pour merveilleuse, qu'on dit qu'Iris est fille de Thaumas. Et si l'arc-en-ciel est de nature divine, que feras-tu des nuages ? L'arc-en-ciel lui-même est formé de nuages colorés d'une certaine façon ; on dit même que l'un de ces nuages a donné naissance aux Centaures. Mais, si tu comptes les nuages parmi les dieux, il faudra assurément compter aussi les tempêtes, divinisées dans le culte du peuple romain. Ainsi donc, les pluies, les averses, les orages, les bourrasques doivent être tenus pour des divinités ; en tout cas nos chefs d'armée, au moment où ils prennent la mer, ont coutume de sacrifier aux flots une victime. Et maintenant, si Cérès tire son nom de *gerere* (produire des récoltes), comme tu le disais, alors la terre elle-même est une déesse (et elle passe pour telle : Tellus en effet est-elle autre chose ?). Mais, si la terre est une déesse, la mer, que tu identifiais à Neptune, est également une divinité ; le sont aussi, par conséquent, les fleuves et les sources. C'est ainsi que Maso, après son expédition en Corse, a dédié un temple à Fons et que, dans une invocation des augures, nous voyons les noms du

Tibre, du Spino, de l'Anémo, du Nodinus et d'autres cours d'eau du voisinage. Ou bien donc cette liste se déroule à l'infini ou bien nous rejetterons tout en bloc. Or nous n'accepterons pas cette justification sans limite de superstitions ; par conséquent, aucune ne doit être acceptée.

La Nature des dieux, III, XX, 51

MALFORMATIONS CONGÉNITALES

Nature imparfaite que celle qui donne naissance à des corps anormaux, défigurés, malformés, inachevés ! Les traités de tératologie (la science des monstres) n'existent pas encore. Mais on ne peut s'empêcher de mettre en relation l'existence de certains mythes avec l'observation clinique de malformations biologiques : l'œil unique du cyclope, la bisexualité de l'hermaphrodite, les jambes soudées de la sirène n'appartiennent pas uniquement au domaine du fabuleux. Sans faire l'objet de recensions systématiques, les anomalies biologiques émaillent diverses catégories de textes. Médecins, philosophes, prêtres, voyageurs, historiens notent l'existence d'êtres monstrueux et consignent les dérèglements observés pour tenter d'en déceler les causes. Pour Aristote, le monstrueux est une production accidentelle, contraire aux productions « normales », c'est-à-dire les plus fréquentes. Ce point de vue, moderne, n'est pas le plus représentatif de la mentalité antique, qui perçoit moins souvent le monstrueux comme une erreur de la nature que comme un signe des dieux. Dans l'Antiquité tardive et à l'époque médiévale, les théologiens tenteront d'expliquer la monstruosité en la présentant comme un témoignage de la puissance illimitée du Créateur.

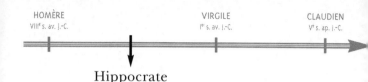

HOMÈRE
VIIIᵉ s. av. J.-C.

VIRGILE
Iᵉʳ s. av. J.-C.

CLAUDIEN
Vᵉ s. ap. J.-C.

Hippocrate

Le médecin explique que les malformations d'un enfant peuvent provenir de contusions reçues par la mère au cours de sa grossesse.

ESTROPIÉS ACCIDENTELS OU GÉNÉTIQUES

Si l'enfant est estropié dans la matrice, je dis que c'est à la suite d'une contusion, soit que la mère ait été frappée à l'endroit du fœtus ou qu'elle soit tombée ou qu'elle ait subi tout autre violence. S'il y a contusion, l'enfant est estropié à cet endroit ; si la contusion est plus forte, la membrane qui l'entoure se déchire et il y a avortement. Les enfants peuvent être estropiés de cette autre façon encore : si l'endroit de la matrice correspondant à telle articulation du fœtus est étroit, il est fatal que, le corps se mouvant à l'étroit, le fœtus soit estropié à cet endroit. C'est comme les arbres qui dans la terre n'ont pas d'espace, mais sont arrêtés par une pierre ou autre chose : en poussant, ils sont tortus, gros d'un côté, minces de l'autre ; il en est de même pour l'enfant, si un endroit quelconque de la matrice est trop étroit pour la partie [correspondante de l'enfant].

De parents estropiés, il arrive plus souvent que les enfants naissent normaux ; en effet, la partie mutilée a tous les composants d'une partie saine. Mais, s'il lui arrive quelque maladie, les quatre espèces congénitales de l'humeur d'où provient le sperme ne fournissent pas la semence complète : mais ce qui provient de la partie mutilée est plus faible, et il ne me paraît pas étonnant que l'enfant soit estropié comme le parent. Voilà ce que j'avais à dire là-dessus ; je reviens au sujet qui m'occupait.

De la génération, t. X-XI, 1

HOMÈRE
VIIIᵉ s. av. J.-C.

VIRGILE
Iᵉʳ s. av. J.-C.

CLAUDIEN
Vᵉ s. ap. J.-C.

Aristote

Dans cet ouvrage qui est le dernier de l'auteur et le bilan de ses théories, Aristote s'interroge sur les mécanismes de la reproduction et sur les ressemblances des enfants avec leurs parents pour en venir à l'examen des monstres, qu'il définit dans un premier temps sommairement comme « [des] être[s] qui fini[ssen]t par n'avoir plus apparence humaine mais seulement animale ». S'interrogeant sur les causes de leur venue au monde, il explique l'irruption du monstrueux par une résistance de la matière à l'encontre de la forme.

RÉSISTANCES DE LA MATIÈRE

Il n'est pas non plus facile d'invoquer un seul mode de causalité pour expliquer les causes de tout, pour dire pourquoi naissent des femelles et des mâles, pourquoi la femelle ressemble souvent au père, le mâle à la mère, et pourquoi, en remontant, il y a ressemblance avec les ancêtres, pourquoi d'autre part le produit est tantôt un être humain mais sans aucune ressemblance avec les ascendants, tantôt un être qui finit par n'avoir plus apparence humaine mais seulement animale : c'est d'ailleurs ce qu'on appelle les monstres.

La suite normale de ce qui précède est de parler des causes de ces monstruosités. Car ce qui reste en fin de compte, quand les mouvements se relâchent et que la matière n'est pas dominée, c'est essentiellement le caractère général, c'est-à-dire l'animal. Le produit a alors, comme on dit, une tête de bélier ou de bœuf, et de même, dans les autres espèces, la tête d'un autre animal, par exemple un veau a une tête d'enfant, un mouton une tête de bœuf. La production de tous ces monstres dépend des causes que nous avons données, mais ils ne sont jamais ce que l'on dit, ils n'en ont que la ressemblance ! Ce qui est également le cas d'êtres qui ne sont pas contrefaits. Ainsi, souvent, par moquerie, on compare certaines personnes qui ne sont pas parmi les belles, soit à une chèvre soufflant du feu, soit à un mouton cossant. Et certain physionomiste ramenait tous les traits à ceux de deux ou trois animaux, et emportait souvent l'adhésion de son auditoire. Mais la naissance d'un pareil monstre, d'un animal dans un autre, est impossible : on le voit par la durée de la gestation qui est tout à fait différente chez l'homme, le mouton, le chien, le bœuf ; or il est impossible que chacun d'eux naisse en dehors de son temps normal de gestation.

Voilà une première catégorie de monstres ; d'autres sont formés de parties en surnombre et naissent avec plusieurs membres ou plusieurs têtes. Le principe de l'explication est assez proche et, d'une certaine façon, presque identique pour les monstres et pour les animaux mutilés, car, aussi bien, la monstruosité est une espèce de mutilation.

De la génération des animaux, IV, 3, 769a-769b

*Le philosophe tente un classement scientifique en énumérant les différentes causes de monstruosité (par surnombre des parties, confusion des organes ou mutilation), illustrées par quelques exemples : nains, avortons, porcelets malingres, œufs à deux jaunes. Surtout, il dissocie le phénomène de toute causalité religieuse ou surnaturelle, ouvrant de ce fait la voie à une approche moderne du phénomène. Alors que le prodige (*teras*) désignait jusqu'alors l'action manifestée par les dieux et s'incarnant dans un être exceptionnel, Aristote considère le monstre comme un organisme « contre les lois de la nature ». Le prodige n'est plus l'apparition phénoménale mais l'être vivant mal formé. Le point de vue scientifique n'exclut cependant pas les préjugés raciaux.*

LES MONSTRUOSITÉS CHEZ LES MULTIPARES

On a déjà vu aussi un serpent à deux têtes, pour la même raison : ce genre est, en effet, lui aussi ovipare et multipare. Mais les monstruosités y sont plus rares du fait de la forme de l'utérus. En effet, comme celui-ci est en longueur, les œufs, qui sont nombreux, sont alignés les uns derrière les autres. Aucune monstruosité ne se rencontre ni chez les abeilles ni chez les guêpes, car leurs œufs sont disposés dans des cellules séparées. C'est le contraire chez les poules, d'où il appert encore que c'est dans la matière qu'il faut chercher la cause de ces phénomènes. Et en effet, parmi les autres animaux, ils se produisent plutôt chez les multipares. Voilà pourquoi ils sont moins fréquents chez l'homme. Car la plupart du temps cette espèce est unipare et met au monde un petit achevé ; d'ailleurs, même chez l'homme, c'est dans les régions où les femmes sont multipares qu'il y a surtout des monstres, par exemple en Égypte. Ils sont surtout fréquents chez les chèvres et les moutons, espèces multipares. Mais ils le sont encore plus chez les fissipèdes. Car ces animaux sont multipares et leurs petits naissent inachevés, par exemple le chien : la plupart de leurs petits naissent aveugles. La raison de ce fait et la cause pour laquelle ils sont multipares seront données plus loin. Mais, ce qui a conduit la nature à produire des monstres, c'est le fait que ces animaux n'ont pas de produits semblables à eux, en raison de leur inachèvement. Or le monstre appartient à la catégorie des produits qui ne ressemblent pas aux parents. Voilà pourquoi cet accident se produit par intermittences chez les animaux de cette nature. Car c'est chez eux principalement que naissent aussi les « culots de portée », comme on les appelle. Ces avortons présentent, d'un certain point de vue, un caractère monstrueux. Car une déficience, aussi bien que la présence de parties supplémentaires, est une monstruosité. En effet le monstre appartient à la catégorie des phénomènes contraires à la nature, à la nature considérée non pas dans sa constance absolue, mais dans son cours ordinaire, car, du point de vue de la nature éternelle et soumise à la nécessité, rien ne se produit contre nature, alors que c'est l'inverse dans les phénomènes qui, dans la généralité des cas, sont d'une façon mais peuvent aussi être autrement. D'ailleurs, même parmi ces phénomènes, ceux qui enfreignent la règle dont nous avons parlé sans toutefois se produire au hasard paraissent moins monstrueux du fait que, ce qui est contre nature est d'une certaine façon conforme à la nature, lorsque la nature formelle ne réussit pas à dominer la nature matérielle. Voilà pourquoi on n'appelle pas monstrueux des cas comme ceux-là, pas plus que dans les autres domaines où un fait a l'habitude de se produire, par exemple dans le cas des fruits. Ainsi, il existe une vigne que certains appellent « fumée » et qui peut porter des raisins noirs sans qu'on y voie une monstruosité, parce qu'elle a l'habitude de le faire très souvent. La raison en est que sa nature est intermédiaire entre celle de la vigne à raisins blancs et celle de la vigne à raisins noirs, si bien que le changement n'est pas profond et ne semble même pas contre nature : ce n'est pas un passage à une autre nature. Voilà ce qui se produit chez les multipares, parce que la multiplicité des petits empêche leur achèvement par une gêne mutuelle et fait obstacle aux mouvements de la génération.

De la génération des animaux, IV, 4, 770a-770b

II

ÉPREUVES ET RENCONTRES INITIATIQUES

AVANT TOUT, UN PRODIGE

Notre concept moderne de monstre est le fruit d'une longue évolution. En grec, *to pelôr*, qui désigne le monstre au sens de « bête énorme », est un mot rare et poétique, employé presque exclusivement dans la poésie épique archaïque, à propos des monstres de la mythologie (Échidna, Scylla, la Gorgone) ou des animaux d'une taille exceptionnelle (serpents, lions, aigles) suscitant l'effroi. Mais le terme le plus courant, *to teras*, attesté aussi bien en prose qu'en poésie, désigne essentiellement le prodige envoyé par les dieux, le phénomène de l'apparition qui peut éventuellement prendre la forme d'un monstre, mais non nécessairement. Sont ainsi nommés phénomènes atmosphériques (éclipse, foudre, météore), tremblements de terre, naissances anormales, ébullitions spontanées de l'eau, apparitions de serpent. Dans la littérature épique, il renvoie même plus souvent à un présage qu'à une créature monstrueuse. La poésie tragique l'utilise au sens d'avertissement divin, de bête gigantesque, de monstre mythologique (Cerbère, Typhée). En latin, le terme *monstrum* provient du verbe *moneo*, « porter l'attention sur, avertir », qui lui donne son sens premier de « prodige qui avertit de la volonté divine » ; par extension, il désigne tout ce qui possède un caractère extra-naturel, d'où les monstres, monstruosités, conformations ou comportements monstrueux, avec les sens dérivés d'actes ou d'êtres criminels. Si les termes grecs et latins sont donc polysémiques et non superposables, le lexique ancien témoigne du rattachement étroit et premier de la notion avec la religion et le monde de la divination. Les trois termes partagent l'acception de « signe extraordinaire », que les dieux transmettent aux humains par le biais d'un phénomène ou d'une créature prodigieuse, terrible ou miraculeuse. Le *monstrum* latin est aussi cette chose qui sort de l'ordinaire et qui montre, de la part des dieux, la voie à suivre. Les historiens et la littérature oraculaire témoignent de la peur qu'éveillent ces indésirables, vecteurs d'une souillure que l'on exclut rituellement de la cité par des procédures d'exposition.

HOMÈRE
VIIIe s. av. J.-C.

VIRGILE
Ier s. av. J.-C.

CLAUDIEN
Ve s. ap. J.-C.

Hérodote

Lors des guerres médiques qui opposèrent Grecs et Perses au
Ve siècle avant J.-C., un prodige apparaît à Xerxès.

POULAIN HERMAPHRODITE

Quand Xerxès eut passé en Europe, il regarda son armée passer sous les coups de fouet ; elle passa sept jours et sept nuits sans un instant d'arrêt. C'est alors, à ce qu'on raconte, quand Xerxès avait déjà traversé l'Hellespont, qu'un Hellespontin aurait dit : « Ô Zeus, si tu veux ruiner la Grèce, pourquoi prendre la figure d'un homme, d'un Perse, et, au lieu du nom de Zeus, celui de Xerxès ? Pourquoi mener contre elle le monde entier ? Tu pouvais le faire sans cela ! »

Quand ils eurent tous passé, et comme ils étaient prêts à se mettre en route, un grand prodige leur apparut, dont Xerxès ne tint aucun compte, bien qu'il fût facile à interpréter : une jument mit bas un lièvre. Cela signifiait clairement que Xerxès allait conduire contre la Grèce une expédition très fastueuse et très magnifique, mais qu'il retournerait dans son pays en courant pour sauver sa propre vie. Un autre prodige s'était aussi manifesté à lui pendant qu'il était à Sardes ; une mule avait mis bas un poulain qui avait les parties des deux sexes, celles du mâle et celles de la femelle ; celles du mâle étaient en dessus.

Histoires, VII, 56-57

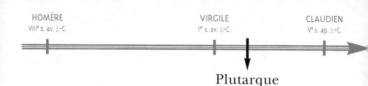

HOMÈRE
VIIIᵉ s. av. J.-C.

VIRGILE
Iᵉʳ s. av. J.-C.

CLAUDIEN
Vᵉ s. ap. J.-C.

Plutarque

Dans ce banquet ouvert, comme il se doit, à la discussion philosophique, les convives sont invités à donner leur avis sur un petit être mi-homme mi-cheval, né d'une jument de leur hôte Périandre. S'agit-il d'un signe, d'un prodige présageant un malheur ? Les conclusions du philosophe Thalès, qui entrevoit une explication « naturelle » du phénomène, se diluent dans un éclat de rire…

BÉBÉ CENTAURE

Là-dessus un serviteur survint et dit : « Périandre vous demande, à toi et à Thalès, de prendre avec vous votre compagnon et d'aller examiner ce qu'on vient de lui apporter pour voir si oui ou non c'est bien un signe et un prodige. Personnellement il en semble fort inquiet et pense qu'il y a là un objet impur qui peut communiquer sa souillure à la fête. » En même temps il nous emmenait vers un des bâtiments en bordure du jardin. Là, un jeune homme, qui paraissait être un berger, encore imberbe et qui, par ailleurs, n'était pas vilain de figure, déplia un manteau de cuir et nous montra un petit être, qu'il disait né d'une jument : le haut du corps, jusqu'au cou et aux bras, était de forme humaine ; pour le reste, il avait un corps de cheval, et sa voix vagissait comme celle des petits enfants nouveau-nés. « Que le dieu nous préserve ! », dit Niloxénos en détournant les yeux. Thalès regarda un bon moment le jeune berger, puis sourit et – il avait l'habitude de me plaisanter sans cesse sur mon art – me dit : « Eh bien ! sans doute, Dioclès, tu as l'intention d'exorciser l'impureté et de donner du travail aux divinités qui écartent le mal, comme s'il était arrivé quelque malheur d'importance ? – Et pourquoi pas ? dis-je ; c'est là, Thalès, un signe de querelle et de désaccord, et je crains que le mal n'atteigne la femme et la descendance de Périandre avant que soit expiée la première offense dont s'est irritée la déesse, puisqu'une deuxième fois, comme tu le vois, elle manifeste sa colère. » À ces mots Thalès ne répondit rien, mais il riait en s'éloignant. Périandre était venu à la porte au-devant de nous et, comme il nous interrogeait sur ce que nous avions vu, Thalès me laissa et lui prit la main en disant : « Les recommandations de Dioclès, tu les appliqueras quand tu auras le temps ; quant à moi, je te conseille de ne pas prendre de si jeunes gardiens pour tes juments, ou bien de leur donner des femmes ! » Périandre, en entendant ces mots, me sembla se réjouir vivement : il éclata de rire, prit Thalès dans ses bras et l'embrassa cordialement. Thalès alors, s'adressant à moi : « Mais, j'y pense, Dioclès, le présage est accompli ; tu vois bien quel grand malheur nous est arrivé : Alexidémos n'a pas voulu dîner avec nous ! »

Le Banquet des sept sages, 149 c-e

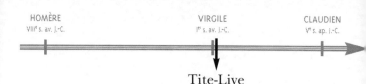

HOMÈRE
VIIIe s. av. J.-C.

VIRGILE
Ier s. av. J.-C.

CLAUDIEN
Ve s. ap. J.-C.

Tite-Live

Dans le contexte politique des guerres puniques, douze colo-
nies ont refusé de satisfaire aux demandes de recrutement ordon-
nées par le sénat romain. Apparaissent alors en Italie de singu-
liers prodiges. L'historien en dresse la liste et détaille les mesures
de procuration (cérémonies expiatoires) prises par les censeurs
élus. Prières, supplications, jeux en l'honneur d'Apollon sont
organisés.

ELEPHANT MAN

On décida aussi, avant que les consuls quittent la
Ville, de conjurer les prodiges. Sur le mont Albain
avaient été frappés de la foudre la statue de Jupiter et
un arbre proche du temple ; à Ostie, un bois sacré ; à
Capoue, le rempart et le temple de la Fortune ; à
Sinuessa, le rempart et la porte. Tels furent les points
d'impact de la foudre. Selon certains auteurs, l'eau du
lac Albain avait même roulé du sang ; à Rome, à l'intérieur de la *cella* du temple de *Fors Fortuna*, une statuette,
qui était placée sur la couronne, était tombée d'elle-
même de la tête de la déesse dans sa main ; à
Privernum, il était bien établi qu'un bœuf avait parlé et
qu'un vautour, alors que le forum était rempli de
monde, était allé se poser sur une boutique ; qu'à
Sinuessa était né un enfant d'un sexe incertain, garçon
ou fille, un de ceux que le peuple appelle androgynes,
en utilisant, comme il le fait la plupart du temps, des
mots grecs (cette langue se prête plus facilement à
l'emploi de mots composés) ; en outre, il avait plu du
lait, et un enfant était venu au monde avec une tête
d'éléphant. Ces prodiges furent expiés par le sacrifice
de victimes adultes, et l'on fixa un jour pour une sup-
plication et pour des prières près de tous les lits de
parade ; on décréta aussi que le préteur C. Hostilius

vouerait et célébrerait des jeux en l'honneur d'Apollon, comme ils avaient été voués et célébrés les années précédentes.

Histoire romaine, t. XVII, livre XXVII, 11

Lecture est faite au Sénat d'une lettre du préteur Q. Minucius, chargé du département de Bruttium, qui fait état de la profanation des trésors de Proserpine. Le Sénat décide de l'instruction d'une enquête pour retrouver les voleurs et de l'organisation de sacrifices expiatoires. Les prodiges se multiplient.

ANDROGYNES À LA MER !

Puis on lut au Sénat une lettre du préteur Quintus Minucius, qui avait le Bruttium pour province : de l'argent avait été dérobé nuitamment à Locres dans le trésor de Proserpine, sans qu'aucun indice permît d'identifier les auteurs de ce forfait. Le Sénat s'indigna de voir que les sacrilèges ne cessaient pas et que pas même le cas de Pléminius, exemple si éclatant et si récent du crime comme du châtiment, n'en détournait les gens. On chargea le consul Caius Aurélius de communiquer par écrit au préteur, dans le Bruttium, la décision du Sénat prescrivant qu'une enquête soit menée sur le pillage de ce trésor en prenant pour modèle celle que le préteur Marcus Pomponius avait menée trois ans auparavant ; l'argent qu'on retrouverait serait restitué au trésor ; si l'on ne retrouvait pas tout, on compléterait la somme et l'on ferait – si le préteur le jugeait nécessaire – des sacrifices expiatoires, conformément à une décision précédente des pontifes. Le soin que l'on apporta à expier la violation de ce temple fut encore accru par des prodiges que, vers la même époque, on signalait en maint endroit. Selon divers rapports, en Lucanie, le ciel s'était embrasé ; à Privernum, par temps clair, le soleil avait été rouge toute une journée ; à Lanuvium, dans le temple de

Junon Sospita, un énorme vacarme avait éclaté pendant la nuit. Des nouvelles récentes signalaient en maint endroit des naissances de mauvais augure : en Sabine était né un bébé dont on ne savait s'il était garçon ou fille, et l'on avait découvert un autre enfant, déjà âgé de seize ans, dont le sexe aussi était douteux ; à Frusino était né un agneau à tête de cochon ; à Sinuessa, un porc à tête humaine ; en Lucanie, sur le domaine public, un poulain à cinq pattes. On jugea toutes ces créatures scandaleuses et aberrantes, fruits d'une nature qui s'égarait à mélanger les espèces ; mais, plus que toutes les autres, on repoussa comme particulièrement funestes les hermaphrodites, que l'on fit incontinent jeter à la mer comme on l'avait fait tout récemment, sous le consulat de Caius Claudius et de Marcus Livius, pour un monstre de la même espèce. Le Sénat ordonna néanmoins aux décemvirs de consulter les Livres sur ce phénomène. Les décemvirs, d'après les Livres, prescrivirent les mêmes rites que ceux que l'on avait accomplis tout récemment après un prodige identique. Ils ordonnèrent, en plus, l'exécution d'un cantique, que trois chœurs de neuf jeunes filles chanteraient par la ville, et l'offrande d'un présent à Junon Reine.

Histoire romaine, t. XXI, livre XXXI, 12

HOMÈRE
VIIIe s. av. J.-C.

VIRGILE
Ier s. av. J.-C.

CLAUDIEN
Ve s. ap. J.-C.

Cicéron

Le monstre est ici aussi bien l'avertissement divin envoyé par la médiation du songe que sa représentation sous forme d'une bête gigantesque. Hannibal rêve de la dévastation de l'Italie par le biais d'une image allégorique. Les guerres puniques qui opposeront Romains et Carthaginois se concluront par la défaite carthaginoise à Zama.

UN RÊVE « PRÉMONITOIRE »

Dans l'*Histoire* en grec de Silénus, source de Cœlius et récit très exact des actions d'Hannibal, on trouve le fait que voici : après la prise de Sagonte, Hannibal rêva que Jupiter le conviait à l'assemblée des dieux ; là, Jupiter lui enjoignait de porter la guerre en Italie et on lui donnait l'un des dieux pour le guider ; le Carthaginois profitait de son aide et, alors qu'il commençait à avancer avec son armée, le dieu lui défendait de regarder derrière lui ; mais Hannibal ne pouvait s'en empêcher plus longtemps et, emporté par la curiosité, il se retournait : il avait alors le spectacle d'une bête gigantesque et affreuse, entortillée de serpents, qui détruisait partout où elle passait tous les arbres, les broussailles et les maisons ; saisi d'étonnement, il demandait au dieu ce qu'était ce monstre ; le dieu lui répondait que c'était la désolation de l'Italie et lui ordonnait de continuer droit devant lui, sans se préoccuper de ce qui se passait derrière lui, dans son dos.

De la divination, I, 49

À une époque où le monstrueux est souvent imputé à une cause surnaturelle, Cicéron défend l'idée que les prodiges n'existent pas et que l'événement irrationnel possède une origine naturelle. Dans une attitude éclairée, il tente de chasser la frayeur qu'inspire l'insolite.

IL N'Y A PAS DE PRODIGES !

– Est-ce que nous sommes réellement effrayés quand on nous annonce des naissances animales ou humaines monstrueuses ? De tous ces phénomènes, pour être bref, il y a une seule explication rationnelle. Tout être qui naît, quel qu'il soit, doit nécessairement avoir une cause naturelle, de sorte que, même si son apparition heurte l'ordinaire, elle ne peut cependant pas être contraire à la nature. Devant un phénomène nouveau et surprenant, il convient donc d'en rechercher si possible la cause ; si l'on n'en découvre aucune, il faut pourtant tenir pour certain que rien n'a pu se produire sans cause et se débarrasser par l'explication rationnelle de la terreur qu'aura causée la nouveauté du phénomène. Ainsi, ni les grondements de la terre, ni les déchirures du ciel, ni l'averse de pierres ou de sang, ni les étoiles filantes, ni l'apparition de torches dans le ciel ne feront peur. Si je demande la cause de tous ces phénomènes à Chrysippe, même ce grand défenseur de la divination ne dira jamais qu'ils se sont produits au hasard ; il attribuera à chacun une cause rationnelle. En effet, rien ne peut se produire sans cause, et il n'arrive rien qui n'ait pu arriver. Or, si ce qui est arrivé est ce qui était possible, il ne faut pas le considérer comme un prodige. Par conséquent il n'y a pas de prodiges. Car s'il faut considérer comme un prodige ce qui arrive rarement, un homme sage est un prodige : j'estime d'ailleurs qu'une mule féconde est plus fréquente qu'un homme sage.

Ce raisonnement se conclut ainsi : comme le prodige n'est ni ce qui n'a jamais pu arriver, ni ce qui a pu se produire, il ne peut pas exister. À ce qu'on dit, même un devin, interprète de prodiges, répondit, non sans finesse, à un homme qui lui avait signalé comme un prodige que dans sa maison un serpent s'était enroulé autour d'un verrou : « Il s'agirait d'un prodige si le verrou s'était enroulé autour du serpent ! » Par cette réponse il a proclamé très clairement qu'il ne faut pas considérer comme prodige tout ce qui est possible.

Caius Gracchus a écrit à Marcus Pomponius que son père avait appelé les haruspices quand on avait attrapé deux serpents chez lui. Pourquoi pour des serpents plutôt que pour des lézards ou des souris ?

– Parce que ceux-ci se rencontrent tous les jours, les serpents non.

– Comme si le nombre de fois qu'un événement possible se réalise importait. Pourtant il y a une chose que je ne comprends pas : la mise en liberté de la femelle devant causer la mort de Tiberius Gracchus et celle du mâle la mort de Cornélie, pourquoi a-t-il relâché un des serpents ? En effet, d'après Caius, les haruspices n'avaient pas annoncé ce qui arriverait si aucun des deux serpents n'était libéré.

– Mais la mort frappa Gracchus peu après.

– Il est mort d'une maladie particulièrement grave, je pense, et non parce qu'il avait libéré l'un des serpents. La malchance des haruspices n'est pas telle que le hasard n'accomplisse jamais leurs prédictions.

De la divination, II, 60-62

COMBATS

La rencontre entre l'homme et le monstre est rarement pacifique. Quand l'affrontement est physique, la lutte puis la victoire procurent au vainqueur le statut de héros. Le face-à-face entre l'homme et la bête raconte l'histoire des grandes peurs de l'humanité, de l'angoisse diffuse à la terreur absolue. Dans les épopées, le héros doit prouver son courage, apprendre à maîtriser le circuit de ses émotions, développer sa résistance. Mais l'épreuve est souvent initiatique, et le combat peut aussi être d'ordre spirituel. L'éviction des monstres consacre la puissance de l'homme comme héros civilisateur, tel Hercule pacifiant les contrées de la Grèce, ou la ruse de l'intelligence contre la puissance bestiale. À mesure que le temps s'écoule, les combats, canoniques, deviennent l'objet de narrations parodiques.

HOMÈRE
VIIIe s. av. J.-C.

VIRGILE
Ier s. av. J.-C.

CLAUDIEN
Ve s. ap. J.-C.

Homère

Averti par Circé, Ulysse prend ses dispositions pour que le navire passe sans encombre près du rocher des Sirènes.

SÉDUCTRICES SIRÈNES

« Je dis et j'achevai de prévenir mes gens jusqu'à l'heure où, bientôt, le bon vent qui poussait le solide navire nous mit près des Sirènes. Soudain, la brise tombe ; un calme sans haleine s'établit sur les flots qu'un dieu vient endormir. Mes gens se sont levés ; dans le creux du navire, ils apportent la voile et, s'asseyant aux rames, ils font blanchir le flot sous la pale en sapin.

Alors, de mon poignard en bronze, je divise un grand gâteau de cire ; à pleines mains, j'écrase et pétris les morceaux. La cire est bientôt molle entre mes doigts puissants.

De banc en banc, je vais leur boucher les oreilles ; dans le navire alors ils me lient bras et jambes et me fixent au mât, debout sur l'emplanture, puis, chacun en sa place, la rame bat le flot qui blanchit sous les coups.

Nous passons en vitesse. Mais les Sirènes voient ce rapide navire qui bondit tout près d'elles. Soudain, leurs fraîches voix entonnent un cantique :

LE CHŒUR. – Viens ici ! viens à nous ! Ulysse tant vanté ! l'honneur de l'Achaïe !… Arrête ton croiseur : viens écouter nos voix ! Jamais un noir vaisseau n'a doublé notre cap sans ouïr les doux airs qui sortent de nos lèvres ; puis on s'en va content et plus riche en savoir, car nous savons les maux, tous les maux que les dieux, dans les champs de Troade, ont infligés aux gens et d'Argos et de Troie, et nous savons aussi tout ce que voit passer la terre nourricière.

Elles chantaient ainsi et leurs voix admirables me remplissaient le cœur du désir d'écouter. Je fronçais les sourcils pour donner à mes gens l'ordre de me défaire. Mais, tandis que, courbés sur la rame, ils tiraient, Euryloque venait, aidé de Périmède, resserrer mes liens et mettre un tour de plus. Nous passons et, bientôt, l'on n'entend plus les cris ni les chants des Sirènes. Mes braves gens alors se hâtent d'enlever la cire que j'avais pétrie dans leurs oreilles, puis de me détacher. »

Odyssée, XII, 165-200

Au large de Messine sévissent deux abominables monstres, dont l'anthropophage Scylla.

REDOUTABLE SCYLLA

« Nous entrons dans la passe et voguons angoissés. Nous avons d'un côté la divine Charybde, et, de l'autre, Scylla. Quand Charybde vomit, toute la mer bouillonne et retentit comme un bassin sur un grand feu: l'écume en rejaillit jusqu'au haut des écueils et les couvre tous deux. Quand Charybde engloutit à nouveau l'onde amère, on la voit, dans son trou, bouillonner tout entière; le rocher du pourtour mugit terriblement; tout en bas, apparaît un fond de sables bleus... Ah! la terreur qui prit et fit verdir mes gens!

Mais, tandis que nos yeux regardaient vers Charybde, d'où nous craignions la mort, Scylla nous enlevait dans le creux du navire six compagnons, les meilleurs bras et les plus forts; me retournant pour voir le croiseur et mes gens, je n'aperçois les autres qu'emportés en plein ciel, pieds et mains battant l'air, et criant, m'appelant! et répétant mon nom, pour la dernière fois: quel effroi dans leur cœur! Sur un cap avancé, quand, au bout de sa gaule, le pêcheur a lancé vers les petits poissons l'appât trompeur et la corne du bœuf champêtre, on le voit brusquement rejeter hors de l'eau sa prise frétillante. Ils frétillaient ainsi, hissés contre les pierres, et Scylla, sur le seuil de l'antre, les mangeait. Ils m'appelaient encore ; ils me tendaient les mains en cette lutte atroce !… Non ! jamais, de mes yeux, je ne vis telle horreur, à travers tous les maux que m'a valus sur mer la recherche des passes ! »

Odyssée, XII, 234-259

HOMÈRE
VIIIe s. av. J.-C.

VIRGILE
Ier s. av. J.-C.

CLAUDIEN
Ve s. ap. J.-C.

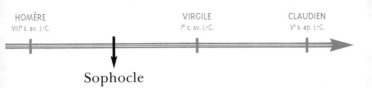

Sophocle

*Hercule a revêtu une tunique empoisonnée que lui a trans-
mise son épouse Déjanire, jalouse de ses conquêtes féminines.
Tandis que le vêtement brûle sa chair, le héros retrace ses épreuves passées.*

HERCULE, VAINQUEUR… ET VAINCU

Approche donc, tiens-toi près de ton père : rends-toi
compte du mal que j'endure. Je te le ferai voir, tous voiles écartés. Tenez, regardez tous, contemplez ce corps
misérable, contemplez le malheureux, voyez son lamen-
table état… Ah ! pitié ! ah ! un spasme de mort revient
m'enfiévrer. Il traverse mes flancs. On dirait qu'il se
refuse à m'accorder aucun répit, le mal affreux qui me
dévore. Ah ! sire Hadès, accueille-moi ! Ô rayon de Zeus,
frappe-moi ! Ah ! seigneur, brandis, fais tomber sur moi
le trait de ta foudre, ô père !… Le mal revient toujours se
repaître de moi ; le voilà déployé, déchaîné ! Ô mains ! ô
mains ! ô reins ! ô poitrine ! ô mes bras ! c'est bien vous
cependant qui avez abattu le lion gîté à Némée, plaie des
bergeries, bête formidable et féroce ; et l'hydre de
Lerne ; et la troupe cavalière des monstres hybrides et
farouches qui n'étaient qu'insolence, brutalité, violence
folle ; et la bête de l'Érymanthe ; et le chien à trois têtes
de l'enfer souterrain, monstre invincible né de l'horrible
Échidna ; et le dragon gardien des pommes d'or aux
frontières du monde ! Et de combien d'autres épreuves
n'ai-je donc pas goûté aussi, sans que jamais personne
encore ait pu triompher de mon bras ! Et aujourd'hui tu
me vois privé de mes membres, mis en pièces, détruit par
un désastre aveugle, malheureux que je suis.

Les Trachiniennes, 1074-1104

HOMÈRE
VIIIe s. av. J.-C.

VIRGILE
Ier s. av. J.-C.

CLAUDIEN
Ve s. ap. J.-C.

Apollonios de Rhodes

Maître dans l'art divinatoire, le vieillard Phinée est puni par Zeus pour avoir révélé aux hommes ses desseins. Des Harpyes tombent du ciel pour lui voler sa nourriture à chaque fois qu'il mange.

ATTAQUE AÉRIENNE

« Les Harpyes m'arrachent la nourriture de la bouche en fondant sur moi de je ne sais quel repaire de morts. Je n'ai aucun moyen de me protéger : j'aurais moins de peine à abuser mon esprit, quand j'ai envie de manger, que celles-là, tant leur vol est rapide à travers les airs. Si parfois elles me laissent un peu de nourriture, elle exhale une forte odeur, infecte et insupportable. Nul mortel n'oserait demeurer à proximité si peu que ce soit, même s'il avait un cœur forgé en acier. Pour moi, en vérité, une amère et méchante nécessité me retient : il me faut rester et, en restant, mettre ces mets dans mon estomac maudit. Mais elles, c'est l'arrêt des dieux qu'elles soient chassées par les fils de Borée ; et ce n'est pas en étrangers qu'ils me protégeront. »

[…]

À peine le vieillard venait-il de toucher aux aliments que, soudain, comme de sinistres ouragans ou des éclairs, elles fondirent des nues à l'improviste et s'élançaient avec des cris aigus, avides de nourriture. Tandis que les héros, à leur vue, s'exclamaient, elles, après avoir tout dévoré, volaient déjà à grand bruit au-dessus de la mer, bien loin ; sur place, il ne restait qu'une odeur insupportable. Dans leur dos, les deux fils de Borée, pointant leur épée, couraient derrière elles. Zeus leur avait envoyé une ardeur inépuisable : sans lui ils n'auraient pu les suivre au loin, car leur vol était aussi rapide que les tempêtes du Zéphyr, chaque fois qu'elles venaient chez Phinée ou s'en allaient de chez lui.

Argonautiques, II, 223-35 et 266-277

HOMÈRE
VIIIe s. av. J.-C.

VIRGILE
Ier s. av. J.-C.

CLAUDIEN
Ve s. ap. J.-C.

Théocrite

Héraclès a dix mois. Il dort dans son berceau lorsqu'il est attaqué par deux terribles dragons. Il n'en fait qu'une bouchée.

PREMIER EXPLOIT D'HÉRACLÈS

Mais au milieu de la nuit, quand l'Ourse se tourne vers son coucher, en face d'Orion qui lui-même montre sur l'horizon sa grande épaule, voici que l'artificieuse Héra poussa deux monstres terribles, deux dragons qui se hérissaient en formant des spirales noirâtres, vers le large seuil, là où les montants des portes offraient des cavités ; avec des menaces accompagnées de serments, elle leur avait enjoint de dévorer l'enfant Héraclès. Eux, se déroulant, traînaient tous deux sur le sol leurs ventres avides de sang ; de leurs yeux, un feu mauvais, pendant qu'ils avançaient, reluisait ; ils bavaient un épais venin. Mais au moment où, dardant leurs langues, ils furent arrivés près des enfants, alors aussi s'éveillèrent – car Zeus s'aperçoit de tout – les fils chéris d'Alcmène ; et une lueur se produisit dans la chambre. Or l'un immédiatement poussa des cris, dès qu'il eut distingué les méchantes bêtes au-dessus du bouclier creux et qu'il eut aperçu leurs dents impitoyables – Iphiclès ; et il écarta à coups de pied la couverture de laine, dans son effort pour fuir ; l'autre – Héraclès –, faisant face, empoigna les serpents et les étreignit tous les deux d'une étreinte puissante ; il les serrait à la gorge, où sont chez les funestes reptiles ces poisons pernicieux que les dieux mêmes abominent. Eux, de leur côté, enroulaient leurs anneaux autour de l'enfant tard venu, de l'enfant encore à la mamelle, nourrisson ignorant des larmes ; puis au contraire ils les détendaient, quand leurs échines étaient lasses des efforts qu'ils faisaient pour trouver un moyen d'échapper à l'étreinte inéluctable.

Idylles, XXIV, 11-33

49

HOMÈRE
VIIIe s. av. J.-C.

VIRGILE
Ier s. av. J.-C.

CLAUDIEN
Ve s. ap. J.-C.

Virgile

Virgile réécrit l'épisode célèbre de la rencontre entre le Cyclope Polyphème et les compagnons d'Ulysse en prêtant la parole à un rescapé grec, Achéménide, qui croise la route du héros troyen Énée et décrit les mœurs répugnantes de l'ogre anthropophage.

POLYPHÈME, CYCLOPE SANGUINAIRE

Mes compagnons oublieux m'ont laissé seul, dans la vaste caverne du Cyclope. Demeure de sanie, de repas sanguinaires, obscure au dedans, démesurée ; lui-même gigantesque, il heurte les étoiles dans le ciel ; ô dieux, délivrez notre monde d'un tel fléau ! Nul n'oserait lever les yeux sur lui, nul ne saurait lui adresser un mot. Il se repaît de la chair et du sang noir des misérables : moi-même, je l'ai vu, couché à la renverse au milieu de son antre, saisir dans sa grande main le corps de deux des nôtres et les briser contre le rocher, le seuil baignait dans des éclaboussures de sang ; je l'ai vu dévorer leurs membres ruisselant d'un liquide noir, leurs chairs encore tièdes palpiter sous sa dent… Non, certes, impunément : Ulysse n'a pas supporté ces horreurs ; l'homme d'Ithaque, en cette extrémité, se souvint de lui-même. Car sitôt que, gorgé de viandes, assommé par l'ivresse, il a reposé à terre sa nuque fléchissante, étendu tout au long de son antre démesuré, vomissant à travers son sommeil de la sanie, des morceaux mêlés à du vin et à du sang, nous autres, après avoir prié les grands dieux, tiré au sort chacun notre rôle, d'un seul mouvement, de toutes parts nous l'entourons ; avec un trait pointu nous perçons comme avec une tarière l'œil énorme, unique, qui se cachait sous un front torve, semblable à un bouclier d'Argos ou à la lampe de Phébus : nous vengeons, enfin contents, les ombres de nos compagnons.

Énéide, III, 617-638

HOMÈRE
VIII° s. av. J.-C.

VIRGILE
I° s. av. J.-C.

CLAUDIEN
V° s. ap. J.-C.

Ovide

*Vainqueur de la Gorgone, Persée voyage jusqu'en Éthiopie où il délivre la princesse Andromède du monstre marin auquel elle était exposée. Le schéma est folklorique : une princesse innocente enchaînée, un valeureux héros « tombant du ciel » pour la sauver. Truffé d'échos de l'*Énéide *de Virgile, le récit épique est à prendre au second degré.*

UN COMBAT PARODIQUE

Voilà que, semblable à un navire rapide qui sillonne les eaux de l'éperon fixé à sa proue quand les bras des jeunes matelots en sueur le chassent en avant, le monstre, écartant les flots sous l'effort de son poitrail, approche des rochers ; il n'en était plus séparé que par une distance égale à celle que peut franchir au milieu des airs le plomb lancé à tours de bras par la fronde baléare, quand tout à coup le jeune héros, repoussant la terre du pied, s'élève jusqu'aux nues. À peine le monstre a-t-il aperçu son ombre à la surface de la mer qu'il se jette sur cette ombre avec fureur ; quand l'oiseau de Jupiter a aperçu dans un champ découvert un serpent qui présente à Phébus son dos livide, il le saisit par-derrière et, pour empêcher la gueule redoutable de se retourner contre lui, il enfonce dans le cou revêtu d'écailles ses serres avides ; ainsi, se précipitant d'un vol rapide à travers l'espace, le descendant d'Inachus s'abat sur le dos du monstre, et, d'un coup qui le fait tressaillir, il lui plonge son fer dans l'épaule droite jusqu'au crochet recourbé. Atteint d'une cruelle blessure, celui-ci tantôt se dresse dans les airs de toute sa hauteur, tantôt se cache sous les eaux, tantôt tourne sur lui-même, comme un sanglier farouche effrayé par une meute de chiens qui l'enveloppe en hurlant. Persée, grâce à ses ailes, se dérobe promptement aux avides morsures de son ennemi ; par-

51

tout où il trouve un passage, tantôt sur le dos couvert de coquilles arrondies, tantôt sur les côtes, tantôt à l'endroit où le corps se termine par une queue, mince comme celle d'un poisson, il frappe avec son épée recourbée. La bête rejette par la gueule les flots de la mer mêlés à son sang de pourpre ; ils arrosent les ailes de Persée qui en sont trempées et alourdies ; celui-ci n'ose plus se fier à ses talonnières imbibées d'eau ; il a aperçu un écueil dont la pointe se dresse au-dessus des ondes quand elles sont calmes, mais que la mer recouvre quand elle est agitée. Il le prend pour appui et, tenant de la main gauche l'extrémité de ce rocher, il plonge trois ou quatre fois son fer dans les entrailles du monstre, sans lui laisser aucun répit.

Des applaudissements et des cris retentissent sur le rivage et montent jusqu'aux demeures célestes.

Les Métamorphoses, IV, 706-736

Parvenu en Béotie, le phénicien Cadmus tue un dragon sur la terre qui sera celle de Thèbes. Où l'on retrouve la fonction traditionnelle du monstre, qui symboliquement est le gardien d'un trésor ou d'un lieu.

CADMUS ET LE DRAGON DE THÈBES

Là s'élevait une antique forêt, qu'aucune hache n'avait encore violée ; au milieu était une caverne, ombragée par les branches touffues d'un saule ; des pierres assemblées y formaient une voûte basse, sous laquelle coulait une source abondante ; au fond de cette retraite se cachait un serpent, fils de Mars ; sa crête a l'éclat de l'or ; la flamme jaillit de ses yeux ; tout son corps est gonflé de venin ; sa gueule darde trois langues et elle est hérissée d'une triple rangée de dents. À peine les étrangers venus du pays de Tyr ont-ils porté leurs pas dans ce bois funeste, à peine une urne, jetée dans l'eau, a-t-elle retenti, que le serpent bleuâtre avance sa tête du fond de l'antre et fait entendre d'horribles sifflements. Les urnes s'échappent de leurs mains ; le sang cesse d'animer leurs corps, et leurs membres, que glace la stupeur, sont pris d'un tremblement subit. Le monstre tord sa courbe écailleuse aux anneaux flexibles ; dans un bond sinueux il décrit des arcs immenses ; puis, dressé plus qu'à moitié au milieu des airs légers, il domine toute la forêt ; son corps, à le voir tout entier, égale en grandeur celui du serpent qui sépare les deux Ourses. Aussitôt, soit que les Phéniciens s'apprêtent à combattre ou à fuir, ou que la crainte leur interdise l'un et l'autre partis, il se jette sur eux ; ils succombent, les uns déchirés par ses morsures, les autres enlacés dans ses longs replis, d'autres empoisonnés par la fatale infection de son haleine.

Les Métamorphoses, III, 28-49

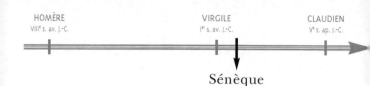

HOMÈRE
VIII⁰ s. av. J.-C.

VIRGILE
I⁰ʳ s. av. J.-C.

CLAUDIEN
V⁰ s. ap. J.-C.

Sénèque

Hercule est descendu aux Enfers pour accomplir son dernier travail : capturer Cerbère. Le chien terrifiant est rapidement soumis, comme les autres monstres ont tremblé à l'approche du héros, mais il restera à Hercule une ultime épreuve, plus ardue que toutes les autres et d'une autre nature : vaincre sa propre folie, inspirée par Junon. Là sera sa véritable descente aux Enfers.

CAPTURE DE CERBÈRE

Puis se montre la demeure de l'avide Dis : là terrifie les ombres le chien cruel du Styx, qui, secouant sa triple tête avec un bruit énorme, garde le royaume. Des couleuvres lèchent sa tête, éclaboussée de sanie, sa crinière est hérissée de vipères, sa queue tortueuse siffle, long dragon. Sa rage répond à son aspect : dès qu'il a perçu des mouvements de pieds, il dresse ses poils, hérissés de serpents qui s'agitent, et il cherche à saisir, de son oreille dressée, le bruit émis, accoutumé qu'il est à entendre même les ombres. Lorsque le fils de Jupiter se fut posté tout près de l'antre, le chien s'assit indécis, et tous deux furent saisis de frayeur. Voici que, d'un aboiement puissant, il terrifie ces lieux muets ; les serpents sifflent, menaçants, partout sur ses flancs. Le fracas de ce cri redoutable, lancé par sa triple gueule, épouvante jusqu'aux ombres heureuses. Alors lui-même détache de son épaule gauche la tête de Cléones à la gueule farouche, il la lui présente et se protège de cet immense bouclier ; portant de sa main droite victorieuse sa grande massue, il la fait tourner d'un côté puis de l'autre de manière à frapper sans arrêt, il redouble ses coups. Dompté, le chien atténua ses menaces, baissa toutes ses têtes, épuisé, et quitta totalement l'antre. Pris l'un et l'autre de panique, les deux souverains, assis sur leur trône, ordonnent d'emmener l'animal. Moi aussi, ils m'ont donné en présent à Alcide pour répondre à sa demande. Alors, caressant de sa main les énormes cous du monstre, il les attache avec une chaîne d'acier; oubliant ce qu'il est, le chien, gardien toujours en éveil du sombre royaume, baisse peureusement les oreilles, se laisse emmener, se reconnaît un maître; museau bas, soumis, il frappe ses deux flancs avec sa queue porteuse de serpents.

Hercule furieux, 782-812

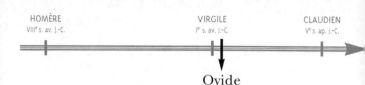

HOMÈRE
VIIIᵉ s. av. J.-C.

VIRGILE
Iᵉʳ s. av. J.-C.

CLAUDIEN
Vᵉ s. ap. J.-C.

Ovide

Persée pétrifie ses ennemis en leur présentant la tête de Méduse. Les combattants se figent dans la posture de leur attaque, et la tentative d'assaut se transforme en une galerie de sculptures, témoignant pour l'éternité de l'absurdité de la guerre et invitant les témoins à la contempler sous une nouvelle forme, esthétique.

STATUES DE PIERRE

Mais, quand il a vu que sa vaillance va succomber sous le nombre, Persée s'écrie : « Puisque vous m'y forcez vous-mêmes, je demanderai du secours à un ennemi. Que ceux qui m'aiment détournent leurs regards, si j'ai ici des amis ! » Et il présente la tête de la Gorgone : « Cherche ailleurs quelqu'un qu'émeuvent tes prestiges ! » répond Thescélus ; mais, au moment où sa main se préparait à lancer un trait fatal, il reste figé, statue de marbre, dans la même attitude. À ses côtés, Ampyx pointe son glaive contre la poitrine du descendant de Lyncée, que remplit un grand cœur ; pendant que sa main droite cherche à frapper, elle durcit sans pouvoir faire aucun mouvement ni en arrière ni en avant. Nilée, qui se vantait faussement d'être issu du Nil aux sept embouchures et qui avait même fait graver sur son bouclier les sept bras du fleuve, les uns en argent, les autres en or, dit alors au héros : « Regarde, Persée, où remonte ma race ; ce sera pour toi une grande consolation, que tu emporteras chez les ombres muettes, d'être tombé sous les coups d'un homme tel que moi. » Les derniers sons de sa voix expirent inachevés ; sa bouche entrouverte semble vouloir parler, mais elle ne laisse plus passer les mots. Éryx accable de reproches ses compagnons : « C'est votre lâcheté qui vous paralyse, crie-t-il, et non le pouvoir de la Gorgone. Accourez avec moi et terrassez ce jeune homme, qui ne sait manier que des armes magiques. » Il allait prendre son élan ; mais ses pieds sont enchaînés à la terre ; il ne reste plus de lui qu'une pierre immobile, une statue armée.

Les Métamorphoses, V, 177-199

UN AUXILIAIRE DES DIEUX

Que le monstre appartienne à la sphère du sacré relève de l'évidence. Auxiliaire ou émissaire des dieux, il peut aussi bien être le gardien d'un temple, paré alors d'une fonction apotropaïque (il dissuade les passants d'entrer), que servir à l'accomplissement d'une vengeance ou d'une punition. La latinité le poste dans les régions souterraines du Tartare, où l'on châtie les criminels. Il préfigure diables et démons du Moyen Âge.

HOMÈRE
VIIIᵉ s. av. J.-C.

VIRGILE
Iᵉʳ s. av. J.-C.

CLAUDIEN
Vᵉ s. ap. J.-C.

Homère

Désireuse de se venger de Zeus, Héra conçoit Typhon et le confie au dragon femelle Gê-Thémis, à Delphes. Apollon tue le dragon et le monstre, prend le nom de « pythien » et pose les fondations de son sanctuaire à Crisa.

RITUEL FONDATEUR

Mais, lorsque les mois et les jours touchèrent à leur terme et que vinrent les Heures avec le retour du cycle de l'année, elle enfanta un être qui ne ressemblait ni aux dieux ni aux hommes, l'effroyable et sinistre Typhon, le fléau des mortels. Aussitôt la noble Héra aux larges yeux se saisit de lui et vint ensuite confier ce monstre à l'autre monstre qui l'accueillit : [c'était celui qui faisait tant de ravages dans les familles illustres des hommes]. Qui le rencontrait se voyait emporté par son jour fatal, jusqu'au jour où Apollon, le Seigneur Archer, lui eût décoché un trait vigoureux. Déchirée par de rudes souffrances, la bête gisait à terre en poussant de grands râles et se roulait sur place ; puis il y eut une clameur prodigieuse, inexprimable ; le monstre se tordit furieusement ici et là dans la forêt, et rendit l'âme en exhalant un souffle ensanglanté. Alors Phoibos Apollon dit fièrement :

« Maintenant pourris ici, sur la terre nourricière d'hommes. Tu ne feras plus le malheur ni la perte des mortels qui vivent en ce monde ; eux qui mangent les fruits de ce sol dont vivent tous les êtres, ils pourront amener ici de parfaites hécatombes. Ce n'est pas Typhée qui écartera de toi la triste mort, ni non plus la Chimère au nom maudit ; mais en ce lieu même te feront pourrir la terre noire et le radieux Hypérion. »

Il parlait ainsi avec fierté ; les ténèbres voilèrent l'œil de la bête, et l'ardeur puissante du Soleil la fit pourrir en ce lieu même. Depuis, jusqu'à ce jour, on l'appelle *Phytô* – et on donne au Seigneur le nom de *Pythien* – parce que c'est là que l'ardeur pénétrante du Soleil a fait *pourrir* le monstre.

Hymne à Apollon, 349-374

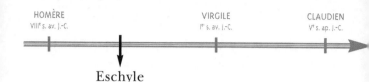

HOMÈRE
VIIIᵉ s. av. J.-C.

VIRGILE
Iᵉʳ s. av. J.-C.

CLAUDIEN
Vᵉ s. ap. J.-C.

Eschyle

La Pythie découvre au pied du temple d'Apollon à Delphes une troupe d'Euménides endormies. En désignant ces divinités de la vengeance (Érinyes) d'une prudente antiphrase (Euménides signifie « les Bienveillantes »), la tragédie grecque tente de dompter la puissance inquiétante de ces démons, qu'il s'agit de se concilier.

LES « BIENVEILLANTES »

Ah! horrible à dire, horrible à voir de ses yeux le spectacle qui me rejette hors du temple de Loxias – si horrible que me voici là impuissante, incapable de me tenir droite, et que mes mains courent seules, pour mes jambes alourdies. Une vieille qui prend peur est sans force; ou, plutôt, ce n'est qu'une enfant. J'allais vers le lieu saint, encombré d'offrandes, quand je vois près de l'Ombilic, un homme chargé d'une souillure, accroupi en suppliant, les mains dégouttantes de sang, avec une épée frais sortie d'une blessure et un long rameau d'olivier, dévotement entouré d'un épais réseau de bandelettes – une vraie toison blanche, le mot sera plus clair. En face de l'homme, une troupe étrange de femmes dort, assise sur les sièges. Mais que dis-je, des femmes? Des Gorgones plutôt… Et encore, non! ce n'est pas l'aspect des Gorgones que je rapprocherai du leur… J'ai bien vu naguère, en peinture, les Harpyes ravissant le repas de Phinée; mais celles-ci sont sans ailes; leur aspect de tout point est sombre et repoussant; leurs ronflements exhalent un souffle qui fait fuir; leurs yeux pleurent d'horribles pleurs; leur parure enfin est de celles qui ne sont pas plus à leur place devant les statues des dieux que dans les maisons des hommes. Non, je n'ai jamais vu la race à laquelle appartient telle compagnie et ne sais quelle terre peut bien se vanter de l'avoir nourrie sans en être punie et regretter sa peine.

Les Euménides, 34-59

Athéna propose aux Euménides un marché : elles siégeront à Athènes pour y exercer la justice et devront en retour endiguer leur colère. Le chœur des Euménides accepte. Les deux formes d'exercice du droit en opposition au début de la pièce (le droit primitif qui condamne le meurtrier de sa mère et le droit nouveau qui défend le vengeur de son père) prennent place dans un nouveau système juridique.

LE RESPECT DU DROIT

ATHÉNA. – Vous n'êtes point humiliées ; dans l'excès de votre colère, ne vous en prenez pas, déesses, à des hommes ; ne rendez pas la terre sourde à leurs appels. Moi, je m'assure en Zeus et, – faut-il le dire ? – seule entre les dieux, je sais ouvrir la chambre où la foudre dort scellée. Mais ici point n'en est besoin. Va, crois-moi ; que ta bouche furieuse ne lance pas sur ce sol des mots dont le seul fruit serait pour tout la mort ! Endors la fougue amère de ce noir flux de haine ; reçois ta part d'honneurs et viens vivre avec moi. En ce vaste pays, désormais, toutes les prémices, offrandes de naissance et offrandes d'hymen, te seront réservées, et tu ne cesseras de louer mon conseil.

LE CHŒUR, *agité*. – Moi, subir ce sort, moi, l'antique déesse ! moi, habiter ce pays en être impur et méprisé, ah !… Non, je ne respire que colère et vengeance. Las ! Terre et Ciel ! ah ! quelle souffrance, quelle souffrance entre donc dans mon cœur ! Entends-moi, ô Nuit, ma mère : mes antiques honneurs, des dieux aux ruses méchantes me les ont ravis et réduits à rien.

ATHÉNA. – À tes colères je veux être indulgente, car tu as l'âge pour toi. Mais, si tu en sais plus que moi sans doute, à moi aussi Zeus a donné quelque sagesse. Si vous allez dans une autre contrée, vous regretterez ce pays. Écoutez mon oracle : le flot montant des jours fera grandir la gloire de ma ville, et toi, fixée sur son sol glorieux, à côté de la demeure d'Érechtée, tu verras des cortèges d'hommes et de femmes t'offrir ce qu'aucun autre peuple ne te saurait donner. Mais, de ton côté, en ces lieux que j'aime, ne pousse pas ces aiguillons sanglants qui ravagent les jeunes poitrines, et, sans vin, les enivrent de folles fureurs. Ne va pas, comme on fait pour les coqs, attiser la colère au cœur de mes citoyens et mettre en eux cette soif de meurtre qui lance frères contre frères en leur soufflant mutuelle audace. Vienne la guerre étrangère, toujours à la portée de ceux qu'anime un fervent désir de vraie gloire – mais fi des combats entre oiseaux de la volière !

Les Euménides, 824-866

HOMÈRE
VIIIe s. av. J.-C.

VIRGILE
Ier s. av. J.-C.

CLAUDIEN
Ve s. ap. J.-C.

Plutarque

Plutarque constate la chute de la foi religieuse. Utilisant la forme du dialogue, il confie la parole à Ammonios. Celui-ci veut démontrer que la décadence des oracles ne doit pas conduire à douter de la puissance des dieux. Les oracles sont délaissés en raison de la dépopulation de la Grèce.

ANGUILLE SOUS ROCHE

« De même, l'oracle d'ici, qui occupe le premier rang à la fois pour l'ancienneté et pour la renommée, fut rendu longtemps, dit-on, désert et inabordable par un farouche dragon femelle. Or ceux qui racontent cette histoire se trompent en prenant l'effet pour la cause, car c'est la solitude qui avait attiré la bête, et non la bête qui avait créé la solitude. Puis, lorsque, par la volonté du dieu, la Grèce, devenue forte, se fut couverte de villes et que ce pays eut acquis une population abondante, on employait deux prophétesses qui descendaient à tour de rôle, sans parler d'une troisième qui était désignée comme suppléante. Il n'y en a plus aujourd'hui qu'une seule, et nous n'y trouvons pas à redire, car elle suffit aux demandes. Il ne faut donc nullement incriminer le dieu, puisque ce qui existe et subsiste en fait de divination est suffisant pour tous les consultants et que tous s'en retournent nantis de ce qu'ils venaient chercher.

Agamemnon, avec neuf hérauts sous ses ordres, parvenait à peine à contenir l'assemblée, tant elle était nombreuse, tandis qu'ici, dans quelques jours, au théâtre, vous constaterez que la voix d'un seul homme parvient aux oreilles de tous. De même, alors que la divination employait jadis des voix plus nombreuses pour parler à des auditeurs plus nombreux, il faudrait s'étonner maintenant, au contraire, si le dieu laissait avec indifférence ses prédictions se répandre inutilement comme de l'eau ou ne faire écho, comme les rochers dans les lieux désertiques, qu'aux cris des bergers et de leurs troupeaux. »

Sur la disparition des oracles, 414 b-c

HOMÈRE
VIIIᵉ s. av. J.-C.

VIRGILE
Iᵉʳ s. av. J.-C.

CLAUDIEN
Vᵉ s. ap. J.-C.

Virgile

Accompagné de la Sibylle, le héros Énée entame sa catabase *(descente aux Enfers) et parvient à hauteur du Tartare, d'où s'échappent des bruits effrayants. La prêtresse lui détaille les supplices qui ont cours à l'intérieur et le travail de la tortionnaire Tisiphone, au service de Pluton : y sont punis aussi bien les orgueilleux mythiques qui ont outrepassé la condition humaine que les citoyens romains criminels.*

SUPPLICES CHEZ PLUTON

Aussitôt, vengeresse, un fouet passé dans sa ceinture, Tisiphone bondit sur les coupables et les malmène ; tandis que de sa main gauche elle leur présente ses hideux serpents, elle appelle la troupe cruelle de ses sœurs. Alors seulement dans un bruit effrayant les portes maudites tournent sur leurs pivots. Tu vois quelle garde surveille la cour, quelle face est en faction sur le seuil ? Une hydre monstrueuse tenant béantes ses cinquante gueules horribles, plus cruelle encore, est postée à l'intérieur. Alors le Tartare lui-même ouvre son abîme : il s'étend sous les ombres deux fois aussi profond que le ciel dans l'éther s'élève pour nous vers l'Olympe.

Ici les antiques enfants de la Terre, la race des Titans, abattus par la foudre, roulent au plus bas du gouffre. Ici j'ai vu encore les deux Aloïdes, corps gigantesques : ils avaient entrepris de forcer avec leurs mains l'immense ciel et de chasser Jupiter de son trône d'en haut. J'ai vu aussi Salmonée soumis à de cruels supplices : occupé d'imiter les flammes de Jupiter et les grondements de l'Olympe, traîné par quatre chevaux, agitant un flambeau, parmi les peuples de la Grèce, dans sa ville au cœur de l'Élide, cet homme allait triomphant et réclamait pour lui des honneurs divins ; insensé qui se flattait de contrefaire l'orage et la foudre inimitable avec du bronze et le galop de chevaux aux pieds de corne. Mais le Père tout-puissant, du sein des épaisses nuées, lança un trait – non pas une torche certes ni les fumeux éclats d'un brandon – et dans un tourbillon prodigieux l'abîma. Tityos aussi, nourrisson de la Terre, matrice universelle, on pouvait le voir : sur neuf arpents entiers son corps est étendu ; énorme, le bec crochu, un vautour, rongeant son foie immortel et ses entrailles fécondes en douleurs, fouille pour se repaître, il loge sous la profonde poitrine, aucun répit n'est donné aux fibres sitôt renaissantes. Que dire des Lapithes, d'Ixion, de Pirithoüs ? Au-dessus de leurs têtes un noir silex, tout prêt à se détacher, pend, semble déjà tomber. Sur les hauts lits de fête luisent des accoudoirs dorés, des mets sont apprêtés devant eux avec un luxe royal ; l'aînée des Furies s'étend à leurs côtés, elle les empêche d'approcher les mains de la table, elle se dresse, élevant sa torche, et fait tonner sa voix.

Énéide, VI, 570-607

HOMÈRE
VIIIᵉ s. av. J.-C.

VIRGILE
Iᵉʳ s. av. J.-C.

CLAUDIEN
Vᵉ s. ap. J.-C.

Sénèque

Un messager rapporte à Thésée les circonstances de la mort d'Hippolyte : alors que le jeune homme conduisait son char le long du rivage, la mer enfante brusquement un monstre terrible qui affole l'équipage du héros.

VENGEANCE DE NEPTUNE ?

La mer se rue vers la terre, suit le monstre sorti de son sein. Un tremblement secoue nos membres. Ah ! ce qu'était l'aspect de son vaste corps ! Taureau portant haut dans les airs un cou de sombre azur, il dressait sur un front vert une épaisse crinière ; ses oreilles se dressent velues, son regard à l'ondoyant coloris suggère tour à tour le chef d'un troupeau de fauves et un animal marin : tantôt ses yeux vomissent du feu, tantôt ils brillent étrangement en un éclat de sombre azur. Sa nuque opulente forme une haute saillie de muscles, et ses vastes narines vibrent en amples inspirations ; des algues fixées à eux verdissent son poitrail et ses fanons, son flanc allongé est parsemé de rougeoyant fucus ; et l'extrémité postérieure de son dos concourt à lui donner l'apparence d'un être monstrueux : l'énorme bête couverte d'écailles traîne une immense queue. On croirait voir une scie, celle qui au fond de l'océan engloutit et brise les vaisseaux, si rapides soient-ils. La terre tremble. Épouvanté, le bétail s'enfuit de tous côtés parmi les champs, et le pâtre oublie de suivre ses taureaux. Tous les fauves fuient partout hors des halliers, tous les chasseurs frémissent, blêmes, glacés de terreur. Seul étranger à cette terreur, Hippolyte cherche à retenir les chevaux en resserrant les rênes, à calmer leur panique par le réconfort d'une voix familière.

Phèdre, 1031-1056

SAGESSE DU MONSTRE

Le monstre est le gardien attentif et jaloux d'un trésor qui peut être matériel (l'or des Griffons, les pommes du jardin des Hespérides, surveillées par un dragon, fils de Phorcys et de Céto) ou spirituel. Dans le
second cas, il est le détenteur d'un savoir réservé aux
initiés. La représentation que les textes donnent de ces
passeurs initiatiques en gomme les difformités pour
valoriser au contraire en eux leur configuration
étrange ou leur talent exceptionnel. Dragons, Phénix,
Géants, Sirènes, Centaures sont, dans cette perspective,
plus merveilleux que monstrueux. De sa rencontre
avec le monstre, l'homme sort instruit, transformé,
voire radicalement métamorphosé.

HOMÈRE
VIIIe s. av. J.-C.

VIRGILE
Ier s. av. J.-C.

CLAUDIEN
Ve s. ap. J.-C.

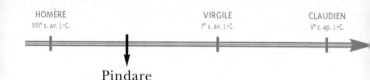

Pindare

*Alors que les Centaures symbolisent souvent la force brute –
on pense aux noces de Pirithoos et d'Hippodamie (au cours des-
quelles le Centaure Eurytos, ivre, tenta de violer la mariée, pro-
voquant la mêlée des Centaures et des Lapithes), ou aux abus
du passeur Nessos (attentant à Déjanire) –, le Centaure Chiron
fait figure de sage. Instruit par Apollon, il prodigue au jeune
Achille des leçons de musique, de médecine, de morale et de
chasse.*

SAGESSE LÉGENDAIRE DE CHIRON

Je voudrais que Chiron, fils de Philyre – s'il faut que
ma langue soit l'interprète d'un vœu que forment tous
les cœurs – vécût encore, lui que nous pleurons, le puissant fils de Cronos l'Ouranide, et qu'il régnât encore sur
les vallées du Pélion, le Centaure agreste, plein d'amour
pour les hommes ! N'est-ce pas lui qui jadis instruisit le
doux artisan de la santé robuste, Asclépios, le héros gué-
risseur de toutes les maladies ?

Pythiques, III, 1-5

HOMÈRE
VIIIe s. av. J.-C.

VIRGILE
Ier s. av. J.-C.

CLAUDIEN
Ve s. ap. J.-C.

Platon

Le soldat Er le Pamphilien, tué à la guerre, revient du royaume de la mort et rapporte ce qu'il y a vu. Depuis un endroit d'où se découvre la lumière du ciel, il a contemplé la mécanique de l'univers. Des Sirènes, perchées sur huit cercles cosmiques, accompagnent la révolution du fuseau de la Nécessité, et, sur chaque cercle, une Sirène émet un ton, unique. Les voix à l'unisson produisent un accord parfait, accompagné du chant des Parques.

LES SIRÈNES ET L'HARMONIE DES SPHÈRES

Le fuseau tout entier tournait sur lui-même d'un mouvement uniforme ; mais dans la rotation de l'ensemble les sept cercles intérieurs tournaient lentement dans un sens contraire à tout le reste. Parmi les sept, le plus rapide était le huitième, puis le septième, le sixième et le cinquième qui allaient du même pas ; puis le quatrième leur paraissait avoir le troisième rang de vitesse dans cette rotation inverse, le troisième le quatrième rang, et le deuxième le cinquième. Le fuseau lui-même tournait sur les genoux de la Nécessité. Sur le haut de chaque cercle se tenait une Sirène qui tournait avec lui et qui faisait entendre sa note à elle, son ton à elle, en sorte que ces voix réunies, au nombre de huit composaient un accord unique. D'autres femmes assises en cercle à intervalles égaux, au nombre de trois, chacune sur un trône, les filles de la Nécessité, les Moires, vêtues de blanc, la tête couronnée de bandelettes, Lachésis, Clotho et Atropos, chantaient, d'accord avec les sirènes, Lachésis le passé, Clotho le présent, Atropos l'avenir. De plus Clotho, la main droite sur le fuseau, en faisait tourner par intervalles le cercle extérieur ; Atropos faisait tourner de la même manière avec sa main gauche les cercles intérieurs, et Lachésis tournait tour à tour les uns et les autres de l'une et de l'autre main.

La République, X, 617a-d

HOMÈRE
VIIIe s. av. J.-C.

VIRGILE
Ier s. av. J.-C.

CLAUDIEN
Ve s. ap. J.-C.

Cicéron

D'après Cicéron, qui se réfère au philosophe sceptique Antiochus d'Ascalon, les Sirènes envoûtent les hommes parce qu'elles leur promettent la connaissance. Tant l'attrait de la science est irrésistible !

LE CHANT DES SIRÈNES
ET L'INFINIE CURIOSITÉ HUMAINE

J'ai idée, pour ma part, qu'Homère a eu en vue quelque chose de ce genre dans la façon dont il a conté l'histoire du chant des Sirènes. Car ce n'est pas, ce semble, par la douceur de leur voix ni par la nouveauté et la variété particulières de leurs chants qu'elles étaient accoutumées à retenir ceux qui naviguaient dans leurs parages, mais par ce fait qu'elles déclaraient savoir beaucoup de choses, excitant si bien la curiosité des voyageurs qu'ils restaient accrochés à leurs rochers. Voici, en effet, en quels termes elles invitent Ulysse (j'ai traduit, entre autres vers d'Homère, précisément le passage en question) :

« Ô gloire des Argiens, Ulysse, pourquoi ne vires-tu pas de bord, afin de pouvoir prêter l'oreille à nos chants ? Car personne n'a jamais poursuivi sa course à travers l'azur de ces eaux sans s'être préalablement arrêté, pris par le charme de mes voix, ni, une fois qu'il s'est, d'un cœur avide, rassasié de nos mélodies nuancées, sans avoir, avec plus de science, regagné aisément les rivages de sa patrie. Nous connaissons très bien la guerre terrible et la catastrophe que, de par la volonté divine, la Grèce, avec sa flotte, a apportées à Troie ; nous connaissons aussi toutes les choses qui ont laissé leur trace sur l'étendue de la vaste terre. »

Homère a bien vu que sa fable serait sans crédit s'il n'y avait que de petites chansons pour emprisonner dans les mailles du filet un homme comme Ulysse : c'est donc la science que les Sirènes promettent, une chose qu'il n'eût pas été étonnant de voir un homme ambitieux de sagesse préférer à sa patrie. Sans doute, être ambitieux de tout savoir, sans distinction et en tout genre est le propre de la curiosité ; mais être amené par la contemplation des plus grands objets à l'ambition de la science, voilà ce qu'il faut considérer comme l'apanage des hommes supérieurs.

Des termes extrêmes des biens et des maux, t. II, V, 18, 49

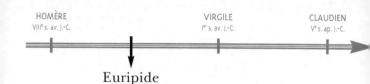

HOMÈRE
VIII⁰ s. av. J.-C.

VIRGILE
I⁰ˢ s. av. J.-C.

CLAUDIEN
V⁰ s. ap. J.-C.

Euripide

L'argument de la tragédie inclut un petit poème qui se présente comme la solution à la fameuse énigme que la Sphinx posa à Œdipe.

SAVOIR ÉNIGMATIQUE DE LA SPHINX

Solution de l'énigme

Ô chanteuse des morts au vol sinistre, écoute
Malgré toi notre voix qui met fin à tes crimes.
C'est l'homme qui petit, étant sorti du sein,
A d'abord quatre pieds lorsqu'il se traîne à terre ;
Puis vieux, comme un troisième il appuie son bâton,
Quand sous le faix de l'âge, il tient courbée la nuque.

Les Phéniciennes, Argument, 27-32

HOMÈRE
VIIIe s. av. J.-C.

VIRGILE
Ier s. av. J.-C.

CLAUDIEN
Ve s. ap. J.-C.

Héraclite

Héraclite soumet les mythes à une exégèse physique, morale, historique, qui les réduit à autant d'allégories. Les aventures d'Ulysse sont interprétées comme une lutte symbolique de la sagesse contre les vices, les Lotophages figurant la contrée du plaisir; le Cyclope, l'emportement sauvage; les Sirènes, le récit de la tradition; et Charybde, la débauche.

LECTURES ALLÉGORIQUES DU MONSTRE

Toute la course errante d'Ulysse, si l'on veut bien y regarder de près, n'est qu'une vaste allégorie. Ulysse est comme un instrument de toutes les vertus qu'Homère s'est forgées; par son intermédiaire, il enseigne la sagesse, car il déteste les vices qui ravagent l'humanité. Le plaisir, d'abord, ce pays lotophage qui cultive une jouissance exotique; près d'elle Ulysse est passé en se dominant. Le sauvage emportement de chacun de nous: il l'a brûlé, peut-on dire, au feu de ses exhortations, et il l'a aveuglé, et ce monstre a nom Cyclope, ou celui qui « dérobe » le jugement.

Ulysse! N'est-ce pas lui qui, le premier, grâce à la connaissance de l'astronomie, sut prévoir le moment favorable pour une traversée et sembla avoir fait souiller certains vents! Et sa victoire sur les poisons de Circé signifie qu'il a découvert, dans sa science profonde, le moyen de conjurer la nocivité de certaines préparations d'origine étrangère.

La sagesse descend jusque chez Hadès, pour ne pas laisser de secteur inexploré, même dans les Enfers. Et qui donc écoute les Sirènes, apprenant d'elles les histoires de tous les siècles? Charybde est un nom bien choisi pour la débauche dépensière, insatiable de beuveries. Scylla est la représentation allégorique de l'impudence aux mille visages: on comprend bien, dès lors, qu'elle

77

soit entourée de chiens, aux museaux qui se hérissent de rapacité, d'audace, de convoitise. Les bœufs du soleil représentent la tempérance: la faim même n'a pu contraindre [le sage] à l'injustice.

Ce sont là sans doute des contes à plaisir, destinés aux auditeurs; mais si ces contes débouchent sur la sagesse, présentée en allégories, ils seront du plus grand secours à qui s'inspirera de leurs exemples.

Allégories d'Homère, 70

DESCENTES AUX ENFERS

L'au-delà est peuplé d'un bestiaire mythique dans lequel les monstres ne sont pas en reste. Au même titre que les juges, les suppliciés éternels, les fleuves des Enfers, Cerbère et les Furies sont autant de figures attendues de ces représentations qui ne font pas l'objet d'une croyance dogmatique mais relèvent, pour une bonne part, de la fiction. À mesure que les *Inferi* deviennent un sujet littéraire (Virgile en est le maillon central, avec la célèbre description de l'*Énéide,* qui fait la synthèse de la tradition hellénique et qui sera ensuite un modèle pour une longue postérité), le nombre des monstres s'accroît : Sphinx, Harpyes, Géants, Centaures intègrent le séjour ténébreux. Le monstre est en effet un symbole efficace de l'Enfer, que ce dernier soit appréhendé comme un au-delà lointain ou comme une région souterraine, comme l'émanation d'une conscience coupable ou comme le symbole des travers humains.

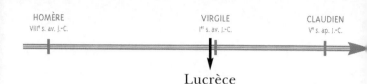

HOMÈRE
VIIIe s. av. J.-C.

VIRGILE
Ier s. av. J.-C.

CLAUDIEN
Ve s. ap. J.-C.

Lucrèce

S'attachant à délivrer les hommes de leurs vaines frayeurs, Lucrèce démontre que les monstres des Enfers ne sont que des fictions de la mythologie. Matérialisme et existentialisme se mêlent ici dans un texte d'une étonnante modernité.

L'ENFER SUR TERRE

De même assurément tous les châtiments que la tradition place dans les profondeurs de l'Achéron, tous, quels qu'ils soient, c'est dans notre vie que nous les trouvons. Il n'est point, comme le dit la fable, de malheureux Tantale craignant sans cesse l'énorme rocher suspendu sur sa tête et paralysé d'une terreur sans objet : c'est plutôt la vaine crainte des dieux qui tourmente la vie des mortels, et la peur des coups dont le destin menace chacun de nous. Il n'y a pas non plus de Tityos gisant dans l'Achéron, déchiré par des oiseaux ; et ceux-ci d'ailleurs dans sa vaste poitrine ne sauraient trouver de quoi fouiller pendant l'éternité. Si effroyable que fût la grandeur de son corps étendu, quand même, au lieu de ne couvrir que neuf arpents de ses membres écartelés, il occuperait la terre tout entière, il ne pourrait pourtant endurer jusqu'au bout une douleur éternelle, ni fournir de son propre corps une pâture inépuisable. Mais pour nous Tityos est sur terre : c'est l'homme vautré dans l'amour, que les vautours de la jalousie déchirent, que dévore une angoisse anxieuse, ou dont le cœur se fond dans les peines de quelque autre passion. Sisyphe lui aussi existe dans la vie ; nous l'avons sous nos yeux, qui s'acharne à briguer auprès du peuple les faisceaux et les haches redoutables, et qui toujours se retire vaincu et plein d'affliction. Car solliciter le pouvoir qui n'est qu'illusion et n'est jamais donné, et dans cette recherche supporter sans cesse de dures fatigues, c'est bien pousser avec effort sur la pente d'une montagne un rocher qui, à peine au sommet, retombe et va aussitôt rouler en bas dans la plaine. De même repaître sans cesse les désirs de notre âme ingrate, la combler de biens sans pouvoir la rassasier jamais, à la manière des saisons lorsque, dans leur retour annuel, elles nous apportent leurs produits et leurs attraits divers, sans que jamais pourtant notre faim de jouissances en soit apaisée, c'est là, je pense, ce que symbolisent ces jeunes filles dans la fleur de l'âge, que l'on dit occupées à verser de l'eau dans un vase sans fond, que nul effort ne saurait jamais remplir.

Cerbère, et les Furies encore, et le manque de lumière, et le Tartare dont les gorges vomissent d'effroyables flammes n'existent nulle part et ne peuvent en effet exister. Mais il y a dans la vie pour d'insignes méfaits une crainte insigne des châtiments, et pour le crime l'expiation : prison, effroyable chute du haut de la roche, verges, bourreaux, carcan, poix, lame rougie, torches ; et même en l'absence de ces punitions, l'âme consciente de ses crimes et prise de terreur à leur pensée s'applique à elle-même l'aiguillon, se donne la brûlure du fouet, sans voir cependant quel peut être le terme de ses maux, quelle serait à jamais la fin de ses peines, et craignant au contraire que les uns et les autres ne s'aggravent dans la mort. Enfin c'est ici-bas que la vie des sots devient un véritable enfer.

De la nature, III, 978-1023

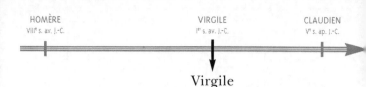

HOMÈRE
VIIIe s. av. J.-C.

VIRGILE
Ier s. av. J.-C.

CLAUDIEN
Ve s. ap. J.-C.

Virgile

Énée parti à la recherche de son père pénètre dans le vestibule des Enfers et croise un premier groupe d'allégories, prêtes à assiéger l'humanité de maux, puis un second groupe, constitué de monstres mythiques : autant d'illusions, prévient la Sibylle, qu'il ne sert à rien de combattre.

VRAIS MONSTRES ET FAUSSES FRAYEURS

Ils allaient obscurs sous la nuit solitaire parmi l'ombre, à travers les palais vides de Dis et son royaume d'apparences ; ainsi, par une lune incertaine, sous une clarté douteuse, on chemine dans les bois quand Jupiter a enfoui le ciel dans l'ombre et que la nuit noire a décoloré les choses. Avant la cour elle-même, dans les premiers passages de l'Orcus, les Deuils et les Soucis vengeurs ont installé leur lit ; les pâles Maladies y habitent et la triste Vieillesse, et la Peur, et la Faim, mauvaise conseillère, et l'affreuse Misère, larves terribles à voir, et le Trépas et la Peine ; puis le Sommeil, frère du Trépas, et les Mauvaises Joies de l'âme, la Guerre qui tue l'homme, en face sur le seuil, et les loges de fer des Euménides, la Discorde en délire, sa chevelure de vipères nouée de bandeaux sanglants.

Au milieu, un orme impénétrable, démesuré, déploie ses branches, ses bras chargés d'ans ; on dit que les Songes vains y ont confusément leur demeure, immobiles sous toutes les feuilles. Là encore, en foule, les formes monstrueuses d'êtres terribles, des Centaures ont pris quartier devant la porte, des Scylla à la double nature, le centuple Briarée, la bête de Lerne sifflant affreusement, la Chimère armée de flammes, des Gorgones, des Harpyes et l'apparence d'une ombre à trois corps. Ici, pressé d'une terreur soudaine, Énée saisit son épée, à ces êtres qui viennent il en présente la pointe dégainée et, si sa docte compagne ne l'avertissait que ce sont là vies ténues, sans corps, voletant sous la creuse apparence d'une forme, il allait fondre sur eux et des coups de son fer fendre vainement des ombres.

Énéide, VI, 268-294

HOMÈRE
VIIIe s. av. J.-C.

VIRGILE
Ier s. av. J.-C.

CLAUDIEN
Ve s. ap. J.-C.

Sénèque

Accablé par la peste qui décime son peuple, Œdipe en attribue la responsabilité à la Sphinx, qui continuerait à se venger. Mais l'image du monstre en reflète un autre : celle d'un moi qui s'ignore.

LES RAVAGES DE LA CONSCIENCE

JOCASTE. – À quoi bon, mon époux, aggraver nos maux par des plaintes ? Voici la conduite que je tiens par excellence pour royale : assumer l'adversité ; plus douteuse est la situation, plus branlante la force d'un pouvoir en déclin, plus le vaillant met de cœur à se dresser d'un pied ferme ; tourner le dos à l'adversité n'est pas agir en homme.

ŒDIPE. – Comme il s'en faut qu'on puisse m'accuser de panique, comme est loin de moi cet opprobre ! Ma vaillance ignore ces lâches terreurs : si des glaives étaient dégainés contre moi, si la force redoutable de Mars se ruait contre moi, au-devant des sauvages géants de toute ma vaillance je porterais les mains. Même le Sphinx qui enchaînait ses paroles en d'obscures formules, je ne l'ai pas fui ; j'ai affronté la gueule sanglante de cet infâme voyant et le sol blanchi d'ossements éparpillés. Quand du haut de son rocher, déjà prêt à bondir sur sa proie, il mettait en ordre ses ailes et proférait des menaces en se frappant de sa queue à la manière du cruel lion, j'ai réclamé son oracle : un bruit horrible a retenti au-dessus de moi, ses mâchoires ont claqué, sans pouvoir souffrir de retard, ses griffes ont arraché des pierres en attendant de meurtrir mes chairs ; les paroles noueuses de l'énigme, ses pièges embrouillés, l'oracle sinistre du fauve ailé, je les ai résolus.

Pourquoi, dément, fais-tu à présent ces vœux tardifs de mort ? Tu étais libre de périr. Ce sceptre est le prix de ton exploit, la récompense donnée pour le meurtre du Sphinx. La cendre, la cendre sinistre de ce monstre plein de ruse entre en lutte de nouveau contre moi. Ce fléau que j'ai supprimé anéantit Thèbes à présent. Un seul salut subsiste désormais, ce serait que Phébus nous indique quelque voie de salut.

Œdipe, 82-109

HOMÈRE
VIIIe s. av. J.-C.

VIRGILE
Ier s. av. J.-C.

CLAUDIEN
Ve s. ap. J.-C.

Lucain

Lucain interrompt momentanément le récit de la guerre civile entre Pompée et César pour conter l'histoire mythique de la Gorgone Méduse. Cette digression n'est qu'apparente : la tête tronquée de Méduse n'est pas sans faire songer à celle, effectivement décapitée, de Pompée.

LE VISAGE DE LA VIOLENCE

Aux confins de la Libye, aux lieux où la terre brûlante reçoit l'océan qui bouillonne sous les rayons du soleil couchant, s'étalaient âprement les domaines de la fille de Phorcys, Méduse ; il n'y avait pas de bois pour les couvrir de leur feuillage, pas de sucs pour en amollir le sol ; ils se hérissaient de roches nées du regard de la souveraine. C'est dans son corps que, pour la première fois, la nature malfaisante enfanta ces cruels fléaux : de sa gorge sortirent des reptiles dardant leur langue, vibrant avec des sifflements aigus ; ils flottaient sur ses épaules comme les cheveux d'une femme, ils fouettaient le cou même de Méduse en joie. En plein front se dressent des couleuvres toutes droites, et le peigne fait couler de sa chevelure le venin des vipères. Méduse a cela de sinistre que tous peuvent la regarder sans péril. En effet, la gueule et la face du monstre, qui jamais eut le temps de les craindre ? De tous ceux qui l'ont vue en face, quel est celui à qui Méduse ait laissé sentir la mort ? Elle a précipité les destins hésitants, prévenu la peur ; les membres se sont pétrifiés tout en retenant l'âme, et les mânes, avant de s'échapper, se sont engourdis sous les os. La chevelure des Euménides n'a provoqué que la fureur ; Cerbère, aux accents d'Orphée, adoucit ses sifflements ; le fils d'Amphitryon vit l'hydre alors qu'il l'abattait ; quant à ce monstre, il a fait trembler son père Phorcys, la seconde divinité des eaux, et Céto, sa mère, et ses sœurs elles-mêmes, les Gorgones; c'est lui qui a pu menacer le ciel et la mer de les frapper d'un engourdissement soudain et de pétrifier le monde. Il fit tomber subitement du ciel les oiseaux comme des masses; les bêtes sauvages restèrent incrustées aux rochers; les populations voisines de l'Éthiopie prirent toute la rigidité du marbre. Nul être animé ne soutient son regard; les serpents mêmes de la Gorgone se rejetaient en arrière pour éviter sa face. C'est elle qui a changé en rocher le Titan Atlas debout aux colonnes hespériennes; quand jadis le ciel redouta les géants aux pieds couverts des serpents de Phlegra, elle les érigea en montagnes; et, cette guerre formidable pour les dieux, c'est elle, la Gorgone, qui la termina, placée contre la poitrine de Pallas.

La Guerre civile ou la Pharsale, t. II, IX, 624-658

HOMÈRE
VIIIᵉ s. av. j.-C.

VIRGILE
Iᵉʳ s. av. j.-C.

CLAUDIEN
Vᵉ s. ap. j.-C.

Silius Italicus

Scipion, qui veut retrouver son père, écoute la Sibylle lui décrire le monde souterrain. Silius Italicus « singe » Virgile en écrivant à son tour une page sur le monde des morts. Le motif est devenu topique.

MORCEAU DE BRAVOURE

« Quel immense rassemblement de tous les monstres parqués dedans ces salles gîte ici et terrifie les mânes en mêlant leurs cris sourds! Le Chagrin qui ronge, et la Maigreur qui suit les maladies funestes, et l'Affliction qui se nourrit de larmes, et la Pâleur privée de sang, et les Soucis et les Traîtrises, et, d'un côté, la plaintive Vieillesse, de l'autre, l'Envie qui s'étreint la gorge à deux mains, et, mal hideux qui peut conduire au crime, la Misère, et l'Erreur à la marche incertaine, et la Discorde, qui prend plaisir à mélanger le ciel aux eaux; là siègent Briarée qui, de ses cent bras, ouvre à l'ordinaire les portes de Dis, et le Sphinx, écartant ses lèvres de femme imprégnées de sang, et Scylla, et les Centaures farouches et les ombres des géants. Quand Cerbère, que voici, a rompu ses chaînes et parcourt le Tartare, Allecto elle-même non plus que Mégère enflée de fureur n'osent approcher le fauve qui, une fois brisés les mille anneaux qui l'enchaînaient, aboie et enroule autour de ses flancs sa queue de vipère.

À droite, étendant la chevelure de ses branches touffues, se dresse un if immense, arrosé par l'eau du Cocyte qui en fait croître le feuillage. Là, des oiseaux sinistres, le vautour nourri de cadavres, et de nombreux hiboux, et la Strige au plumage éclaboussé de sang, et les Harpyes, font leur nid, et leur rassemblement peuple tout le feuillage; l'arbre retentit de leurs sifflements déchaînés. »

La Guerre punique, t. III, XIII, 579-601

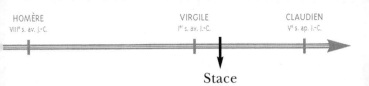

HOMÈRE
VIIIᵉ s. av. J.-C.

VIRGILE
Iᵉʳ s. av. J.-C.

CLAUDIEN
Vᵉ s. ap. J.-C.

Stace

Tisiphone est l'une des trois Furies, traduction romaine des Érinyes. Stace en fait un être démoniaque autant que terrifiant.

TISIPHONE AUX ENFERS

Tandis qu'il parle ainsi, la cruelle déesse tourne vers lui son visage sévère. Elle se trouvait assise tout près du Cocyte affreux et, les cheveux dénoués sur la tête, avait laissé ses serpents laper les eaux sulfureuses ; aussitôt, plus rapide que le feu de Jupiter et que les astres dans leur course, elle bondit hors des rives sinistres ; une foule inconsistante s'éloigne et redoute de rencontrer sa souveraine ; mais la voilà qui traverse les ombres et les plaines que noircit l'essaim des âmes, atteint le seuil d'où l'on ne peut revenir, celui de la porte du Ténare. Le Jour a senti sa présence, et la Nuit, en poussant devant eux un épais nuage sombre, a troublé les chevaux éblouissants de lumière ; au loin le gigantesque Atlas a tremblé d'effroi et, sur sa nuque hésitante, il a laissé fléchir le ciel. Aussitôt, surgissant d'un creux du Malée, elle prend le chemin qu'elle connaît bien pour se rendre à Thèbes ; il n'est aucune route qu'elle sillonne aussi rapidement dans les deux sens, elle ne préfère pas même le Tartare si familier. Un groupe de cent cérastes dressés lui ombrageait le visage, c'était encore bien peu pour cette horrible tête ! À l'intérieur de ses yeux enfoncés brille une lueur de fer incandescent, telle, à travers les nues, Phébé toujours rouge de la peine que lui donnent les pratiques atraciennes ; sa peau imprégnée de venin est tendue et se gonfle de sanie, sa bouche noire exhale une vapeur de feu qui apporte aux populations la soif intarissable, les maladies, la famine et la mort universelle ; sur son dos tombe un manteau affreux et rigide dont les attaches de couleur sombre se nouent sur la poitrine. C'est la nouvelle parure qu'ont imaginée pour elle Atropos et Proserpine en personne. Alors la colère fait trembler ses deux mains : l'une étincelle avec sa torche funèbre, l'autre frappe les airs avec une hydre vivante. Elle s'arrête à l'endroit où le Cithéron riche en pics escarpés rencontre le ciel ; alors, sa chevelure verte redouble de sifflements sauvages, un signal pour le pays, qui se répercute au loin sur tout le rivage de la mer d'Achaïe et au royaume de Pélops.

Thébaïde, I, 88-117

III

À LA FRONTIÈRE
DE L'HUMAIN

LE MONSTRE, C'EST L'AUTRE

Les récits de voyage et les traités de géographie colportent souvent des faits incroyables (les *mirabilia*), parmi lesquels l'existence de créatures extraordinaires, merveilleuses ou redoutables, qui sont autant de sources d'interrogations et de fantasmes. Les monstres peuplent les confins du monde connu, l'Orient fabuleux, les âpres contrées nordiques, l'Inde merveilleuse ou la stérile Afrique. Cet ailleurs, exotique ou barbare, est le vivier des griffons, licornes, martichores, dragons et monocéros. Parfois c'est le langage, avec ses insuffisances, son imprécision, ses déformations, qui crée le monstre : le voyageur aborde l'objet non identifié en le rapprochant de ce qu'il connaît ou au contraire en exagérant sa singularité. C'est ainsi qu'un animal inconnu est décrit comme un composite d'animaux connus, qu'un autre naît d'une perception erronée de la réalité : la licorne perd de son aura mystérieuse si on la considère comme une antilope vue de profil ! Les Sirènes ne seraient que de vulgaires lamantins... Si les informations colportées échouent à rendre compte fidèlement de la réalité, elles nourrissent en revanche puissamment l'imaginaire et concourent à engendrer les mythes. Les monstres inventés de toute pièce par la rumeur ou façonnés par la peur de l'autre définissent l'homme, en creux, en dessinant les contours d'une humanité qui s'interroge sur sa nature ou sur ses limites. À ce titre, ils présentent un intérêt anthropologique. Le barbare aussi tend à être perçu, dans ses différences, comme monstrueux par rapport aux normes de l'observateur.

HOMÈRE
VIIIᵉ s. av. j.-C.

VIRGILE
Iᵉʳ s. av. j.-C.

CLAUDIEN
Vᵉ s. ap. j.-C.

Hérodote

L'historien présente l'hippopotame comme un composé de bœuf et de cheval, distordant quelque peu la réalité.

BŒUF-CHEVAL ET PHÉNIX

Les hippopotames sont sacrés dans le nome de Paprémis, mais non pour les autres Égyptiens. Voici quel aspect ils présentent. C'est un quadrupède, à pieds fourchus comme le bœuf, camus, qui possède une crinière de cheval, montre des dents saillantes, a la queue du cheval et son hennissement ; sa taille atteint celle du bœuf de la plus grande taille. Sa peau est assez épaisse pour qu'on en fasse, lorsqu'elle est séchée, des hampes de javelot.

Il y a aussi dans le fleuve des loutres, que l'on considère comme sacrées. On tient également pour sacrés, parmi les poissons, celui qu'on appelle lépidote et l'anguille, qui, dit-on, sont consacrés au Nil ; parmi les oiseaux, les oies-renards.

Il y a encore un autre oiseau sacré, appelé le Phénix. Je ne l'ai pas vu, sinon en peinture ; aussi bien visite-t-il rarement les Égyptiens, tous les cinq cents ans, à ce que disent les gens d'Héliopolis ; il viendrait, d'après eux, quand son père meurt. S'il est tel qu'on le peint, voici quelles seraient sa grandeur et son apparence : les plumes de ses ailes sont les unes couleur d'or, les autres d'un rouge vif ; pour la silhouette et la taille, il ressemble de très près à l'aigle. On raconte de lui – à mon avis c'est un récit incroyable – qu'il accomplirait cet exploit : partant de l'Arabie, il transporterait au sanctuaire d'Hélios le corps de son père enveloppé de myrrhe et l'y ensevelirait. Et, pour le transporter, il s'y prendrait de la manière suivante : il façonnerait d'abord avec la myrrhe un œuf, de la grosseur de ce qu'il peut porter, et s'essaierait ensuite à voler avec cette charge ; l'épreuve faite, il creuserait l'œuf et y introduirait son père ; puis, avec d'autre myrrhe, il enduirait la partie de l'œuf qu'il aurait creusée et par où il aurait introduit son père, dont l'introduction rétablirait le même poids ; et, enveloppé de la sorte, il le transporterait en Égypte au sanctuaire d'Hélios. Voilà, dit-on, ce que fait cet oiseau.

Histoires, II, 71-73

Les confins de la Libye seraient, si l'on en croit l'auteur, peuplés de bien étranges créatures !

CYNOCÉPHALES

Au couchant du fleuve Triton, faisant suite aux Auses, on commence à trouver des Libyens cultivateurs, chez qui la coutume est d'avoir des maisons ; leur nom est Maxyes ; ils laissent pousser leurs cheveux sur le côté droit de la tête et rasent le côté gauche ; et ils s'enduisent le corps de vermillon. Ils prétendent être de la descendance des Troyens. Leur pays et le reste de la Libye en allant vers le couchant sont beaucoup plus riches en animaux et plus boisés que le pays des nomades : la partie orientale de la Libye, celle qu'habitent les nomades, est en effet basse et sablonneuse jusqu'au fleuve Triton, tandis qu'à partir de ce fleuve la partie occidentale, celle des cultivateurs, est très montagneuse, boisée et riche en bêtes. C'est chez eux que se trouvent les serpents de très grande taille, les lions, les éléphants, ours, aspics, ânes portant des cornes, et les cynocéphales, et les acéphales qui ont leurs yeux dans la poitrine, du moins à ce que disent d'eux les Libyens, et les hommes et femmes sauvages, et quantité d'autres bêtes fabuleuses. Chez les nomades, il n'y a rien de cela, mais d'autres animaux tels qu'antilopes « cul-blanc », gazelles, bubales, ânes – non pas ceux qui ont les cornes, mais d'autres « non buveurs » (c'est un fait qu'ils ne boivent pas) –, oryx, avec les cornes desquels on fait les bras des lyres phéniciennes (cet animal est de la taille d'un bœuf), petits renards, hyènes, porcs-épics, béliers sauvages, dictyes, chacals, panthères, boryes, crocodiles terrestres atteignant une longueur de trois coudées et tout à fait semblables aux lézards, autruches, petits serpents ayant chacun une seule corne.

Histoires, IV, 191-192

HOMÈRE
VIIIe s. av. J.-C.

VIRGILE
Ier s. av. J.-C.

CLAUDIEN
Ve s. ap. J.-C.

Ctésias de Cnide

Ctésias décrit une Inde fabuleuse qu'il peuple d'animaux étranges, comme le griffon ou le martichoras, *composé de scorpion, de lion, de biche et d'homme. Ces représentations répondent à un imaginaire des confins, volontiers ouvert aux* mirabilia, *récits des merveilles extraordinaires de la nature. Les hommes n'échappent pas à ces curiosités exotiques : nous découvrons Pygmées et cynocéphales, hommes à tête de chien.*

LE MARTICHORAS

Il évoque aussi le *martichoras*, la bête qui vit dans leur pays, disant que sa face ressemble à celle d'un homme. Il a la taille d'un lion et la peau rouge comme du cinabre. Il a trois rangées de dents, des oreilles comme celles d'un homme et des yeux pers semblables à ceux d'un homme. Il a la même queue que le scorpion de terre, elle porte aussi un dard qui fait plus d'une coudée. Il a des dards répartis çà et là sur les côtés de la queue, et il a aussi un dard tout au bout comme le scorpion. Et si quelqu'un s'approche de lui, il le pique avec ce dard, et la personne piquée meurt sans faute. Mais, si quelqu'un le combat à distance, de face il dresse sa queue pour lancer ses dards comme avec un arc, et par-derrière il la tend toute droite. Il frappe à une distance d'un plèthre et il tue à coup sûr tous ceux qu'il atteint sauf l'éléphant. Ses dards font un pied de long et sont aussi épais qu'un jonc très mince. *Martichoras* se traduit en grec par « anthropophage », parce que l'animal se nourrit le plus souvent en tuant des hommes. Mais il mange aussi les autres êtres vivants. Il se bat tant avec ses griffes qu'avec ses dards. Les dards, affirme Ctésias, repoussent lorsqu'il les a lancés. Ces bêtes sont nombreuses en Inde. Les hommes les tuent, montés sur des éléphants du dos desquels ils lancent leurs traits.

La Perse. L'Inde. Autres fragments, « Indica », F45, 15

HOMÈRE
VIIIe s. av. J.-C.

VIRGILE
Ier s. av. J.-C.

CLAUDIEN
Ve s. ap. J.-C.

Pomponius Mela

Pomponius Mela présente les populations de la province de Cyrénaïque en Afrique et leurs coutumes étranges. Parmi eux, les Blémyes…

HOMMES SANS TÊTE

Parmi ceux qui sont, dit-on, au-delà du désert, les Atlantes maudissent le soleil à son lever et à son coucher comme étant un fléau pour eux et leur pays. Ils ne portent pas de noms individuels, ils ne se nourrissent pas d'animaux, et il ne leur est pas donné d'avoir, comme les autres mortels, des visions pendant leur sommeil. Les Troglodytes, qui ne sont possesseurs d'aucunes richesses, font entendre un cri plutôt qu'un langage, se glissent dans des cavernes et se nourrissent de serpents. Chez les Garamantes, il y a aussi des troupeaux de bêtes à cornes, lesquelles paissent le cou de biais, car, penchées en avant, elles sont gênées par leurs cornes dirigées vers le sol. Aucun n'a d'épouse attitrée. Parmi les enfants dont la naissance, incertaine, est le fruit du hasard, tant les unions entre parents se font au petit bonheur, c'est par la ressemblance physique qu'ils reconnaissent ceux qu'ils veulent élever comme étant les leurs. Les Augiles ne considèrent comme dieux que les mânes ; c'est eux qu'ils invoquent pour prêter serment, c'est eux qu'ils consultent comme oracles et, après leur avoir fait connaître par la prière ce qu'ils veulent, une fois couchés sur les tertres funéraires, ils tiennent leurs songes pour des réponses. Leurs femmes s'offrent, selon la coutume, pendant leur nuit de noces, à l'étreinte de tous ceux qui viennent à elles avec un présent, et, plus nombreux alors sont ceux à qui elles s'unissent, plus grande la gloire ; mais dans la suite c'est la pudeur qui est en grand honneur. Les Gamphasantes sont nus et ignorent toutes les armes ; ils ne savent ni éviter les traits ni les lancer, aussi fuient-ils les rencontres et ne souffrent-ils le commerce et la conversation que de ceux qui sont dans les mêmes dispositions naturelles. Les Blémyes sont dépourvus de tête, ils ont le visage sur la poitrine. Les satyres, à part l'apparence extérieure, n'ont rien d'humains. Quant à l'aspect des Égipans, c'est celui qui est bien connu. Voilà pour l'Afrique.

Chorographie, I, 8, 43-48

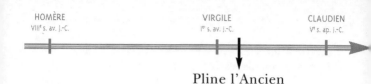

HOMÈRE
VIIIᵉ s. av. J.-C.

VIRGILE
Iᵉʳ s. av. J.-C.

CLAUDIEN
Vᵉ s. ap. J.-C.

Pline l'Ancien

Encyclopédiste curieux mais aussi crédule, Pline répertorie les productions merveilleuses de la mer, dont le squelette du monstre auquel Andromède aurait été exposée.

TRITONS, NÉRÉIDES ET MONSTRES MARINS

Une ambassade de Lisbonne, envoyée tout exprès, vint annoncer à l'empereur Tibère qu'on avait vu et entendu dans certaine grotte un triton jouant de la conque et conformé comme l'on sait. La conformation des néréides n'est pas non plus imaginaire ; seulement des écailles hérissent leur corps même dans la partie où elle a figure humaine ; en effet on en a observé une sur la même côte ; et, alors qu'elle agonisait, les riverains entendirent au loin son chant lugubre. Un légat de Gaule écrivit au Divin Auguste qu'on voyait sur la côte plusieurs néréides inanimées. De brillants personnages appartenant à l'ordre équestre m'ont certifié qu'ils avaient vu dans l'océan de Cadix un homme marin absolument semblable à un humain par tout le corps ; qu'il montait à bord des navires pendant la nuit ; qu'aussitôt la partie où il s'était assis s'enfonçait, et même coulait s'il restait plus longtemps. Sous le règne de Tibère, dans une île faisant face à la côte de la province lyonnaise, le reflux de l'océan abandonna simultanément plus de trois cents bêtes d'une diversité et d'une taille étonnantes, et autant sur la côte de la Saintonge, entre autres des éléphants et des béliers dont les cornes étaient figurées seulement par une tache blanche, sans compter de nombreuses néréides. Selon Turranius, une bête s'échoua sur les côtes de Cadix, qui mesurait, entre les deux nageoires du bout de la queue, seize coudées, et qui avait cent vingt dents, les plus grandes longues d'un empan, les plus petites, d'un demi-pied. Le squelette du monstre auquel Andromède, disait-on, fut exposée, apporté de la ville de Jaffa en Judée, fut exhibé à Rome, entre autres curiosités, par M. Scaurus, lors de son édilité ; la longueur de ses os était de quarante pieds ; la hauteur des côtes, supérieure à celles des éléphants de l'Inde ; la colonne vertébrale, épaisse d'un pied et demi.

Histoire naturelle, IX, 4

HOMÈRE
VIIIe s. av. J.-C.

VIRGILE
Ier s. av. J.-C.

CLAUDIEN
Ve s. ap. J.-C.

Élien

Animaux mythiques que les griffons ! La tradition les dépeignait comme les gardiens des trésors d'Apollon, luttant contre les assauts des Arimaspes dans les déserts de la Scythie. Élien les situe en Inde, sur l'emplacement de mines d'or.

LES GRIFFONS

D'après mes informations, le griffon, un animal indien, est quadrupède comme le lion et possède des griffes exceptionnellement puissantes qui font penser également à celles du lion. La rumeur dit qu'il est pourvu d'ailes, que son plumage est de couleur noire sur le dos, et rouge, paraît-il, sur le devant, tandis que les ailes elles-mêmes sont non pas de la même couleur mais blanches. Ctésias raconte en outre que son cou est égayé de plumes bleu foncé et qu'il a un bec d'aigle et une tête semblable à celle que les artistes prêtent à cet animal dans leurs peintures ou leurs sculptures. Il ajoute que ses yeux sont incandescents. Il fait son nid dans les montagnes, et, comme il n'est pas possible d'attraper un adulte, ce sont les petits que l'on capture. Les Bactriens, qui sont les voisins des Indiens, racontent que les griffons veillent sur l'or qui se trouve là-bas, et prétendent qu'ils l'extraient du sol et l'utilisent pour construire leur nid, les Indiens ramassant ce qui en tombe. Mais les Indiens contestent que les griffons soient des « gardiens » de l'or en question, car ces animaux n'ont pas besoin d'or (et, si c'est bien ce qu'ils disent, je trouve pour ma part leur argument vraisemblable) ; ils disent qu'en fait, lorsqu'ils viennent pour ramasser l'or, les griffons prennent peur pour leurs petits et attaquent les intrus. Ils luttent vigoureusement contre tous les animaux et en triomphent rapidement, mais ils n'affrontent ni le lion ni l'éléphant. Les indigènes, qui craignent la puissance de ces bêtes-là, évitent de partir à la recherche de l'or pendant le jour et y vont de nuit. Car ils ont vraisemblablement davantage de chances de passer inaperçus à ce moment-là. L'endroit précis où vivent les griffons et où se trouvent les mines d'or est totalement désert. Les hommes qui chassent le métal en question s'y rendent en troupe armée de mille voire de deux mille hommes en emportant avec eux des cordes et des sacs de toile, puis ils attendent que la nuit soit sans lune pour creuser. S'ils ne se font pas voir des griffons, ils en retirent un double profit, car non seulement ils s'en sortent sains et saufs, mais en plus ils ramènent chez eux leur butin, et les hommes qui savent fondre l'or, selon une technique personnelle, obtiennent, après l'avoir raffiné, une richesse considérable pour prix des risques évoqués plus haut. Mais s'ils sont pris en flagrant délit, ce sont des hommes morts. Je me suis laissé dire qu'ils rentraient chez eux au bout de trois ou quatre ans.

La Personnalité des animaux, IV, 27

Élien oppose un drôle de serpent à deux têtes, l'amphisbène, aux hydres et chimères de la mythologie, relevant du fabuleux. Malgré les erreurs d'appréciation transparaît un souci d'esprit critique chez ce précurseur de l'éthologie, attentif à observer et à expliquer le comportement des animaux.

L'AMPHISBÈNE

Laissons les poètes et les compilateurs d'anciennes légendes, dont fait partie notamment Hécatée, le Chroniqueur, célébrer l'hydre de Lerne, le travail d'Héraclès ; laissons Homère célébrer la nature de Chimère, avec ses trois têtes, ce monstre de Lycie qui appartenait à Amisodaros, le roi des Lyciens, une créature tout à fait équivoque et impossible à combattre, conçue pour être la ruine d'une foule de gens. Ces êtres sont apparemment à reléguer parmi les légendes. Ce n'est pas le cas de l'amphisbène, qui est un serpent à deux têtes, une en haut et une sur la queue. Quand elle avance, selon la direction dans laquelle son besoin la pousse à avancer, elle laisse l'une dans le rôle de queue et donne à l'autre le rôle de tête. Mais si, changeant de direction, elle doit aller vers l'arrière, elle donne à chaque tête une fonction inverse à celle qu'elle avait précédemment.

La Personnalité des animaux, IX, 23

CE MONSTRE
QUI SOMMEILLE EN NOUS

Le monstre est aussi cette partie de l'homme faite de pulsions et de démons, qu'il s'agit d'endiguer. Quand la monstruosité est morale, l'homme perd son humanité. Pour figurer cette monstruosité intérieure, la littérature déploie les ressources d'un bestiaire fantastique dont les représentants sont autant d'allégories des travers humains : folie, passion, fureur guerrière, médisance empruntent la forme d'une personnification monstrueuse. Une seconde catégorie de monstres concerne les héros à l'apparence humaine mais au comportement inhumain dont regorgent les mythes. La notion de monstre moral est déjà présente dans les tragédies d'Euripide, à propos de Penthée ou d'Hélène par exemple. Des réflexions de Platon sur les pulsions de l'âme jusqu'aux remarques de saint Augustin sur les conflits intérieurs se développe toute une tradition philosophico-morale qui trouvera de lointains échos chez Montaigne : « Je n'ai vu monstre et miracle au monde plus exprès que moi-même[1]. »

---

1. *Essais*, III/XI, 1029.

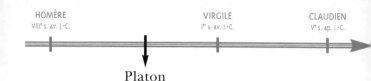

HOMÈRE
VIIIe s. av. J.-C.

VIRGILE
Ier s. av. J.-C.

CLAUDIEN
Ve s. ap. J.-C.

Platon

Selon le philosophe, l'âme est composée d'une partie cognitive, tournée vers la connaissance, d'une partie irascible, aspirant à dominer, et d'une partie emplie de désirs et d'appétits, soucieuse de satisfaire ses besoins matériels. L'âme est donc comparée à un assemblage disparate, semblable aux monstres hybrides de la mythologie. En l'homme cohabitent métaphoriquement un lion, un monstre et un homme. Le sage doit réguler le monstre en lui afin de réaliser en lui-même la cité idéale.

L'ÂME TRIPARTITE

– Formons par la pensée une image de l'âme, pour que ce partisan de l'injustice mesure la portée de ses paroles.

– Quelle image ? demanda-t-il.

– Une image, répondis-je, comme celle de ces anciens monstres dont parle la fable : la Chimère, Scylla, Cerbère et nombre d'autres qui réunissaient, dit-on, en un seul corps des formes multiples.

– On le dit en effet, fit-il.

– Façonne donc une sorte de monstre à formes et à têtes multiples, têtes d'animaux paisibles et têtes de bêtes féroces, rangées en cercle, et donne-lui le pouvoir de changer et de tirer de lui-même toutes ces formes.

– Un pareil ouvrage, dit-il, exige un modeleur habile ; mais comme la pensée est plus facile à modeler que la cire ou toute autre matière semblable, c'est fait : je l'ai modelé.

– Modèle maintenant une autre forme – celle d'un lion –, puis celle d'un homme ; mais que la première soit de beaucoup la plus grande des trois, et la deuxième ensuite.

– Ceci est plus aisé, dit-il : aussi est-ce fait.

– Réunis maintenant ces trois formes en une seule, de manière qu'elles ne fassent qu'un tout les unes avec les autres.

– Elles sont jointes, dit-il.

– Recouvre-les ensuite extérieurement d'une forme unique, la forme humaine, de manière que celui qui ne pourrait pas voir l'intérieur et n'apercevrait que la seule enveloppe extérieure croie voir un être unique, un homme.

– L'enveloppe y est, dit-il.

– Disons maintenant à celui qui prétend qu'il est utile à cet homme d'être injuste et qu'il ne lui sert de rien de pratiquer la justice, que sa prétention revient à dire qu'il lui est avantageux de nourrir avec soin et de fortifier la bête aux cent formes, et le lion et sa suite, d'affamer au contraire et d'affaiblir l'homme de sorte que les deux autres l'entraînent où ils voudront, et, au lieu de les accoutumer à vivre ensemble en bon accord, de les laisser se mordre et se dévorer en se battant les uns les autres.

– C'est exactement soutenir cela que de vanter l'injustice.

– Au contraire, dire qu'il est utile d'être juste, c'est dire qu'il ne faut rien faire, qu'il ne faut rien dire qui n'assure à l'homme intérieur les moyens de dominer le plus possible l'homme entier et de veiller sur son nourrisson aux têtes multiples à la manière du laboureur qui nourrit et apprivoise les espèces pacifiques et empêche les sauvages de croître ; c'est ainsi qu'il traitera son élève, en prenant le lion pour allié, en partageant ses soins entre tous et en les maintenant en bonne intelligence entre eux et avec lui-même.

– C'est exactement ce que dit de son côté le partisan de la justice.

La République, IX, 588b

HOMÈRE
VIIIe s. av. J.-C.

VIRGILE
Ier s. av. J.-C.

CLAUDIEN
Ve s. ap. J.-C.

Virgile

*La déesse de la Renommée acheminait les nouvelles dans l'épopée homérique. À l'époque classique, les Athéniens élevèrent un temple en son honneur. Elle devient chez Virgile un monstre affreux, Rumeur, qui vit du bruit et grossit des médisances qu'elle colporte. Dans l'*Énéide*, elle répand la nouvelle de la liaison entre la reine Didon et le prince troyen Énée. Virgile compose un monstre qui n'existait pas dans la tradition poétique en agençant des réminiscences littéraires, empruntées notamment au portrait homérique de la Discorde. Cette allégorie célèbre de* Fama *a eu une immense postérité dans la poésie française et néo-latine du* XVIe *siècle, qui la confond alors avec la déesse de la Gloire embouchant la trompette de la renommée.*

QUAND COURT LA RUMEUR

Aussitôt la Rumeur[1] va par les grandes villes de la Libye, la Rumeur, un mal plus que tout autre prompt, il prend vigueur par le mouvement et en allant acquiert des forces ; petite d'abord par crainte, bientôt elle s'élève dans les airs, ses pas foulent le sol, sa tête se cache dans les nues. La Terre, sa mère, irritée par le courroux des dieux, l'enfanta, dit-on, comme la dernière sœur de Céus et d'Encelade, forte de la rapidité de ses pieds, de ses ailes, monstre horrible, démesuré : autant il a de plumes sur le corps, autant d'yeux vigilants – ô prodige – sous chacune, et autant de langues, autant de bouches qui parlent, autant d'oreilles qui se dressent. La nuit, elle vole entre ciel et terre à travers l'ombre, stridente, et jamais à l'invite du doux sommeil n'incline ses yeux ; pendant le jour, elle se poste pour guetter ou sur le faîte d'un toit ou sur de hautes tours,

---

1. Nous nous permettons de modifier ici la traduction des Belles Lettres.

elle sème l'effroi dans les grandes cités, aussi acharnée à tenir ce qu'elle imagine ou déforme que messagère de la vérité. Alors, des propos les plus divers, elle emplissait complaisamment l'oreille des peuples, assurant avec une égale autorité le réel et le faux : Énée, un héros de troyenne ascendance, était venu, la belle Didon daignait s'unir à lui ; maintenant, pendant ce long hiver, ils s'occupaient l'un de l'autre, tout aux plaisirs, oublieux de leurs royaumes et captifs d'une honteuse passion. Telles sont les horreurs dont la déesse emplit partout la bouche des hommes. D'un trait elle dirige sa course vers le roi Iarbas ; par de tels propos elle enflamme son esprit, amasse en lui des colères.

Énéide, IV, 173-197

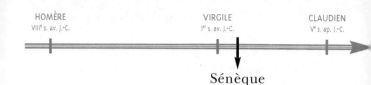

HOMÈRE
VIIIe s. av. J.-C.

VIRGILE
Ier s. av. J.-C.

CLAUDIEN
Ve s. ap. J.-C.

Sénèque

*Sur scène, un spectre et une Furie. La sombre déesse stimule
Tantale, qu'elle extrait de ses supplices infernaux, pour qu'il
sème la fureur chez ses descendants. Cette Furie, dans sa spec-
taculaire* anabase *(remontée des Enfers), n'est pas tant le
ministre des châtiments souterrains que la possible allégorie des
folies qui s'emparent des hommes lorsqu'ils cèdent à leurs passions et à leur volonté de vengeance. Dans cette atmosphère oni-
rique et cauchemardesque, n'est-elle pas l'émanation même de
Tantale, son double schizophrène, refoulé ? Et si la passion
était un mal héréditaire, source de tous les enchaînements iné-
luctables et tragiques ?*

LA FUREUR D'UNE FURIE

LA FURIE. – Va de l'avant, ombre détestable, et
plonge en de furieux délires ces pénates impies. Qu'on
rivalise dans tous les crimes et qu'on dégaine l'épée les
uns contre les autres ; qu'il n'y ait point de mesure à ces
colères, ni de pudeur, qu'une fureur aveugle aiguil-
lonne les volontés, que la rage des parents se perpétue
et que leurs sacrilèges se prolongent sur leurs descendants ; que personne n'ait le loisir de haïr un ancien
crime, que toujours en naissent de nouveaux et, pour
un, pas seulement un, mais que le châtiment fasse croître le crime. Que la royauté échappe aux mains de ces
frères arrogants, puis qu'elle les fasse revenir d'exil ;
que la fortune d'une maison vouée à la violence chan-
celle, indécise, entre ces rois au pouvoir instable : de
puissant qu'on devienne misérable, de misérable puissant, qu'un sort malheureux emporte ce royaume sur
d'incessantes vagues. Chassés pour des crimes, qu'ils
reviennent pour commettre des crimes, lorsqu'un dieu
leur rendra leur patrie, et qu'ils soient odieux à tous
autant qu'à eux-mêmes ; que leur rage se convainque

110

bien que rien ne lui est interdit : que le frère redoute le
frère, le père le fils, le fils le père, que les enfants péris-
sent de male mort, mais qu'ils naissent de manière pire
encore ; que l'épouse haïsse son mari et suspende sur
lui ses menaces, qu'on transporte les guerres au-delà
des mers, que des flots de sang inondent toute la terre
et que sur les chefs puissants des nations triomphe allè-
grement la passion victorieuse : que dans une demeure
impie les amours du frère soient les moins coupables,
que disparaissent toute loi sacrée, toute loyauté, tout
droit. Que le ciel ne demeure pas à l'abri de vos mal-
heurs. Pourquoi les étoiles scintillent-elles dans le fir-
mament et leurs feux conservent-ils à l'univers sa
parure naturelle ? Que la nuit devienne profonde, que
le jour quitte le ciel. Mets ces pénates sens dessus des-
sous, appelle haines, meurtres, funérailles, et remplis
de Tantale la maison tout entière. Qu'on pare les hautes colonnes et que les portes verdissent gaiement sous
le laurier, que resplendisse un feu pour fêter digne-
ment ton arrivée. Que le sacrilège de Thrace se repro-
duise en se multipliant. Pourquoi la main de l'oncle
est-elle inoccupée ? Thyeste ne pleure pas encore ses
enfants ? Quand les fera-t-il disparaître ? Maintenant
qu'on allume le feu, que fument les chaudrons, qu'on
découpe et déchiquette les membres, que le sang
souille les foyers paternels, qu'on dresse le festin – tu
viendras partager un banquet criminel qui ne sera pas
pour toi une nouveauté. Je t'ai accordé un jour de
liberté et t'ai donné licence d'assouvir ta faim à cette
table : compense tes jeûnes, qu'on boive sous tes
regards du sang mêlé au vin ; j'ai inventé un destin
capable de te mettre toi-même en fuite – arrête-toi, où
cours-tu précipitamment ?

Thyeste, 23-67

Œdipe sait désormais qui il est. Il a résolu l'énigme de sa des-
tinée et souhaite, accompagné de sa fille Antigone, porter ses pas
sur les terres sauvages de la Sphinx pour y mourir. Il se décrit
comme plus monstrueux que la Sphinx : les liens familiaux,
brouillés, pervertis, sont l'occasion d'une nouvelle énigme, non
celle de l'humanité, mais celle de son destin singulier.

DESTINÉE INCESTUEUSE ET PARRICIDE

Pour mourir, je veux aller là où est assis sur un haut
rocher le Sphinx assemblant ses énigmes de sa bouche à
demi animale. Dirige là tes pas, fais s'arrêter là ton père.
Pour que ce lieu sinistre ne reste pas vide, places-y un
monstre plus affreux. Assis sur cette pierre, je dirai le
mystère de ma destinée, que nul ne pourra résoudre :
vous tous qui labourez les terres possédées par le roi assyrien et qui adorez en suppliants le bois sacré, rendu illustre par le serpent de Cadmus, où se cache la sainte Dircé,
vous tous qui buvez les eaux de l'Eurotas et habitez
Sparte, célèbre par les Jumeaux, paysans qui moissonnez
l'Élide, le Parnasse, les champs béotiens au sol fertile,
prêtez attention. Le cruel fléau de Thèbes, unissant en
des rythmes obscurs ses mots porteurs de mort, a-t-il
posé une question semblable, créé une situation aussi
inextricable ? Gendre de son aïeul, rival de son père,
frère de ses enfants, père de ses frères ; dans les mêmes
couches, une aïeule a engendré des enfants pour son
mari et pour elle des petits-enfants. Qui pourrait tirer au
clair de telles monstruosités ? Moi-même qui ai emporté
les dépouilles du Sphinx vaincu, je demeurerai embar-
rassé pour interpréter mon destin.

Les Phéniciennes, 118-139

HOMÈRE
VIII° s. av. J.-C.

VIRGILE
I° s. av. J.-C.

CLAUDIEN
V° s. ap. J.-C.

Stace

Stace dresse le catalogue des guerriers argiens partant pour la guerre. Parmi eux, Capanée, dont l'armement est surchargé de monstres, symboles de la cruauté de celui qui les porte et du carnage à venir.

QUAND L'HABIT FAIT LE MOINE

S'avançant à pied et dominant de la tête toute l'armée, Capanée brandit quatre lourdes peaux arrachées du dos de taureaux indomptés et renforcées en dessus par une armature de bronze massif ; une hydre récemment tuée et formant une triple couronne de son corps ramifié se décompose dans la mort : une partie montre en relief des serpents vivants dont la ciselure en argent étincelle ; l'autre, grâce à l'habile invention du héros, est soustraite aux regards et noircit, agonisante, dans l'or fauve ; tout autour ce sont les eaux dormantes du Lerne, en fer et de couleur sombre. Ses longs flancs et sa large poitrine sont protégés par une cuirasse tissue d'innombrables fils d'acier, ouvrage qui fait frissonner et n'est pas celui d'une mère ; un géant se dresse, proéminent, au sommet de son casque éclatant ; il porte une arme que lui seul peut lancer, un cyprès dépouillé de ses feuilles et muni d'une pointe d'acier. Il a sous ses ordres ceux que nourrissent la fertile Amphigénie, les plaines de Messène et les monts d'Ithomé, Thryon, Aepy bâtie sur des hauteurs, Hélos et Ptéléon et Dorion source de pleurs pour le chanteur gétique ; ici Thamyris se faisait fort de surpasser dans son art les doctes Aonides ; mais, condamné à une vie de silence, il se vit brusquement devenu muet autant de la bouche que de la cithare – qui oserait défier les dieux face à face, ignorant tout des combats avec Phébus et du satyre pendu qui fit le renom de Célènes.

Thébaïde, IV, 165-186

113

Sur le champ de bataille, le guerrier Tydée, au seuil de la mort, demande la tête de son ennemi afin d'accomplir un dernier « exploit » : il boit alors le sang qui s'en écoule, sous le regard médusé de la Gorgone qui orne le bouclier d'Athéna.

ANTHROPOPHAGIE

Mais lui-même sent que le ciel lui échappe et que son grand courage l'abandonne dans le froid de la mort ; il se soulève sur le sol et crie : « Pitié, fils de l'Inachus ! Je ne fais pas le vœu que mes restes soient ramenés à Argos ou chez moi, en Étolie, car je n'ai cure de mes funérailles. Je hais ces membres, ce corps fragile dans l'épreuve et qui trahit l'esprit. Mais ta tête, Mélanippe, ô cette tête, si quelqu'un me l'apportait ! Car tu roules dans la poussière, je n'en doute pas ; j'ai confiance en mon suprême exploit. Va, je te prie, Hippomédon, s'il te reste quelque chose du sang d'Atrée ; pars, jeune Arcadien qu'ont illustré tes premiers combats, et toi, Capanée, le plus puissant désormais des guerriers d'Argos ! »

Tous sont émus, mais le premier qui part, le premier qui découvre le fils d'Astacus et le tire, respirant encore, de la poussière, c'est Capanée ; puis il l'emporte sur son épaule gauche ; le sang de la plaie inonde et souille son dos à chaque secousse. Ainsi le dieu de Tirynthe revint de l'antre d'Arcadie et rapporta le sanglier captif sous les applaudissements d'Argos.

Tydée se dresse et vole, par le regard, à sa rencontre ; fou de joie et de rage quand il vit traînés devant lui ce visage et ces yeux convulsifs et qu'il se reconnut à ce spectacle, il ordonne qu'on tranche et qu'on lui apporte la tête de son ennemi et, la saisissant de la main gauche, il contemple cette horreur, il exulte de joie à la voir encore tiède de vie avec ses yeux menaçants qui tardent à se figer. L'infortuné héros était satisfait, mais Tisiphone, avide de vengeance, exige encore plus : déjà la Tritonienne revenait après avoir fléchi son père et apportait au malheureux les honneurs de l'immortalité ; elle le voit tout couvert des souillures de ce crâne brisé et polluant sa bouche d'un sang frais. Ses compagnons ne parviennent pas à lui faire lâcher prise ; alors la terrible Gorgone hérissa sa chevelure, les cérastes se dressèrent, voilant le visage de la déesse qui s'enfuit loin du mourant et ne revint pas au ciel avant que le feu mystique et les ondes pures de l'Élisos n'eussent abondamment purifié ses regards.

Thébaïde, VIII, 733-766

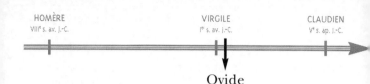

HOMÈRE
VIIIᵉ s. av. J.-C.

VIRGILE
Iᵉʳ s. av. J.-C.

CLAUDIEN
Vᵉ s. ap. J.-C.

Ovide

Amoureuse de la divinité marine Glaucus mais repoussée par lui, la magicienne Circé décide de se venger de son refus en s'attaquant à celle qu'il aime : la vierge Scylla. Elle empoisonne l'eau d'une crique où la jeune fille vient souvent se baigner. Celle-ci se métamorphose, sous ses yeux mêmes, horrifiés. L'insensible jeune fille, qui écartait ses prétendants avec une légèreté cruelle, est punie à l'endroit même où elle avait péché, en se refusant à l'amour : le sexe.

MÉTAMORPHOSE KAFKAÏENNE

Il y avait une anse étroite, aux contours sinueux, où Scylla aimait à se reposer ; elle trouvait dans cette retraite un abri contre l'agitation de la mer et contre les feux du ciel, lorsque le Soleil, au milieu de sa course, était le plus brûlant, lorsque des hauteurs du zénith il avait réduit les ombres à leur plus petite part. La déesse [Circé] infecte à l'avance cet asile, elle le souille de ses poisons monstrueux ; elle y verse les sucs qu'elle a exprimés de racines vénéneuses et avec un obscur amalgame de mots inconnus elle compose un chant magique que sa bouche murmure trois fois neuf fois. Scylla arrive ; à peine est-elle descendue dans l'eau jusqu'à la taille qu'elle aperçoit autour de ses deux aines une hideuse ceinture de monstres aboyants ; d'abord, ne pouvant croire qu'ils font partie de son corps, elle veut fuir ; elle repousse ces chiens menaçants dont les crocs l'épouvantent ; mais elle a beau fuir, elle les entraîne avec elle ; elle examine sa personne, cherchant ses cuisses, ses jambes, ses pieds, elle ne trouve à leur place que les gueules béantes d'une meute de Cerbères ; elle ne reste debout que grâce à ces chiens furieux ; elle voit au-dessous d'elle les croupes de ces animaux sauvages qu'elle retient assemblés par ses aines mutilées et par ses flancs qui dominent toute la troupe.

Les Métamorphoses, XIV, 51-67

BÊTES DE POUVOIR

La notion de monstre politique paraît une spécificité romaine plus que grecque. Elle surgit avec force dès la fin du Ier siècle avant J.-C., lorsque les Romains assistent à la chute des valeurs républicaines et à la montée des ambitions personnelles. Cicéron dénonce les abus de pouvoir de ses compatriotes ou de ses adversaires politiques, s'attaquant au propréteur de Sicile, Verrès, au patricien Catilina, qui avait fomenté une révolution, ou au césarien Antoine. Le concept s'enrichit à l'époque impériale avec les mœurs des empereurs, rivalisant de cruauté et de débauche, sous le témoignage des historiens Tacite et Suétone, observateurs des dérives d'une période jugée décadente. Longue est la liste, devenue mythique, des tyrans, fous et pervers, de cette époque…

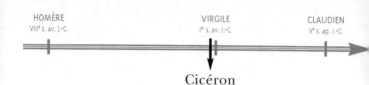

HOMÈRE
VIIIᵉ s. av. J.-C.

VIRGILE
Iᵉʳ s. av. J.-C.

CLAUDIEN
Vᵉ s. ap. J.-C.

Cicéron

Cicéron lance un réquisitoire contre le propréteur Verrès qu'il accuse d'avoir été l'auteur d'une série d'exactions en Sicile où il exerçait sa magistrature. L'orateur stigmatise sa malhonnêteté et sa cruauté en le comparant aux monstres mythiques, notamment à propos de sa conduite envers les trafiquants de mer.

INDIGNE CRUAUTÉ DE VERRÈS

Quelle était cette passion d'exercer sa cruauté ? le motif d'entreprendre tant de crimes ? Pas d'autre, juges, qu'un système nouveau et particulier de rapine. Comme les monstres, dont les poètes nous ont parlé, s'étaient établis devant les golfes ou avaient occupé quelques promontoires et des rochers escarpés pour tuer les navigateurs qui y auraient accosté, de même Verrès, prêt à l'attaque, épiait de toutes les parties de la Sicile dans la direction de toutes les mers. Tout navire venu d'Asie, de Syrie, de Tyr, d'Alexandrie, était saisi aussitôt par des espions et des surveillants de rôle déterminé. Tout l'équipage était jeté dans les Latomies, les cargaisons et les marchandises étaient portées dans la demeure du préteur.

Il y avait en Sicile, après un long intervalle, non un second Denys ou un Phalaris (car cette île a produit jadis des tyrans nombreux et cruels), mais un type nouveau de cette ancienne sauvagerie qui, dit-on, eut son siège en ces mêmes lieux. Non, en conscience, Charybde et Scylla ne furent pas aussi funestes aux navigateurs que Verrès en ce même détroit. Verrès même fut plus funeste en ce qu'il s'était entouré de chiens beaucoup plus nombreux et plus sauvages. C'était un second Cyclope, beaucoup plus féroce, car il dominait sur l'île tout entière ; l'autre, dit-on, n'occupait que l'Etna et les environs.

Discours. Seconde action contre C. Verrès,
« Les Supplices », t. VI, 145-146

Alors que la République, chancelante, se relève tout juste de la tyrannie césarienne, Cicéron s'attaque aux menées de Marc Antoine avec pour arme la violence de son éloquence. Il prononce contre lui quatorze discours (dont celui-ci le 20 décembre 44 av. J.-C.), traversés par la métaphore de la bête : image saisissante d'un ennemi qui porte atteinte à la cité en menaçant le Sénat et la sécurité intérieure de la patrie.

ANTOINE, BÊTE RÉPUGNANTE

Non, Quirites[1], l'ennemi que vous avez à combattre n'est pas de ceux avec qui il soit possible de conclure la paix. Ce n'est plus, comme autrefois, votre asservissement qu'il désire, désormais, dans sa fureur, c'est de votre sang qu'il est altéré. Aucun divertissement n'a pour lui plus de charme que le carnage, que le meurtre, que le massacre des citoyens sous ses yeux. Vous n'avez pas affaire, Quirites, à un homme criminel et scélérat, mais à une bête monstrueuse et répugnante. Puisqu'elle est tombée dans le piège, il faut l'écraser, car, si elle en sort, il n'est pas de supplice que sa cruauté nous épargnera. Mais on la tient, on la presse, on la serre de près aujourd'hui avec les troupes que nous possédons déjà et bientôt avec celles que les nouveaux consuls vont lever dans peu de jours. Appliquez-vous à cette affaire, Quirites, comme vous le faites aujourd'hui. Jamais votre accord n'a été plus complet dans aucune affaire ; jamais vous n'avez été si étroitement unis avec le Sénat. Rien d'étonnant à cela : il ne s'agit pas, en effet, de savoir à quelles conditions nous conserverons la vie, mais si nous la conserverons ou si nous devons périr dans les supplices et dans la honte. La nature, il est vrai, a donné à tous les hommes la perspective de la mort, mais la cruauté et le déshonneur de la mort sont habituellement repoussés par la vertu, qui est le privilège de la race et du sang romains.

Discours, t. XIX, *Quatrième Philippique*, V, 11-13

1. Romains.

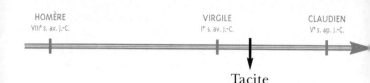

HOMÈRE
VIII° s. av. J.-C.

VIRGILE
I°° s. av. J.-C.

CLAUDIEN
V° s. ap. J.-C.

Tacite

*L'empereur Néron a laissé dans la mémoire occidentale le
souvenir d'un monstre, porté sur la scène littéraire puis cinéma-
tographique : criminel, matricide, pyromane, artiste fou, persé-
cuteur des chrétiens. Accablant est le témoignage des historiens
antiques, dont celui, célèbre, de Tacite, qui n'emploie cependant
pas le qualificatif de monstre à son sujet. Sans doute faudrait-
il compléter le tableau de sa monstruosité par celle de sa mère
Agrippine !*

NÉRON ASSASSIN D'AGRIPPINE

Mais Néron attendait qu'on lui annonçât l'exécution
du crime quand on lui apprend qu'elle s'en est tirée
avec une plaie légère et que le risque encouru n'a eu
pour effet que d'en dévoiler l'auteur. Alors, à demi mort
de peur, il s'écrie qu'elle va bientôt arriver, prompte à la
vengeance, soit qu'elle armât ses esclaves ou soulevât les
soldats, soit qu'elle se tournât vers le Sénat et le peuple
en dénonçant le naufrage, sa blessure et le meurtre de
ses amis ; quel appui aurait-il là contre si Burrus et
Sénèque ne trouvaient un moyen ? Il les avait mandés
aussitôt, sans qu'on sache s'ils étaient déjà au courant.
Dans ces conditions, tous deux gardèrent longtemps le
silence, craignant de chercher en vain à le dissuader, ou
peut-être pensaient-ils qu'on en était venu à une telle
extrémité que, si l'on ne devançait pas Agrippine, la
perte de Néron était assurée. Puis Sénèque montra plus
de décision en ce sens qu'il regarda Burrus et lui
demanda s'il fallait donner aux soldats l'ordre du meurtre. L'autre répondit que les prétoriens étaient trop atta-
chés à toute la maison des Césars et trop fidèles au souvenir de Germanicus pour rien oser d'affreux contre sa
descendance ; qu'Anicetus accomplît ses promesses.
Celui-ci, sans hésiter, se charge de consommer le crime.

À ces mots, Néron s'écrie qu'en ce jour on lui donne l'empire et qu'un si grand présent vient d'un affranchi ; qu'il parte à la hâte et emmène les hommes les plus déterminés à exécuter les ordres. Lui-même, apprenant l'arrivée d'Agermus, mandaté par Agrippine pour lui remettre un message, prend les devants par une mise en scène accusatrice et, pendant que l'autre s'acquitte de sa mission, il lui jette un glaive entre les jambes ; puis, comme si on l'avait pris en flagrant délit, il le fait garrotter, pour pouvoir feindre que sa mère avait machiné l'assassinat du prince et que, honteuse de voir le crime découvert, elle avait pris spontanément le parti de se tuer.

Annales, XIV, 7,1-6

HOMÈRE
VIIIᵉ s. av. J.-C.

VIRGILE
Iᵉʳ s. av. J.-C.

CLAUDIEN
Vᵉ s. ap. J.-C.

Suétone

La monstruosité de Caligula, telle que la définit Suétone, réside dans la tentation monarchique à laquelle cède l'empereur et dans la folie grandissante de celui qui se prend pour l'égal d'un dieu.

LA SOUVERAINETÉ D'UN SEUL

Jusqu'ici nous avons parlé d'un prince ; il nous reste à parler d'un monstre. Non content d'avoir pris de multiples surnoms – on l'appelait, en effet, le pieux, le fils des camps, le père des armées, le meilleur et le plus grand des Césars –, comme il entendait un jour des rois, venus à Rome pour lui rendre hommage, discuter à table devant lui de la noblesse de leurs origines, il s'écria : « N'ayons qu'un seul chef, qu'un seul roi », et peu s'en fallut qu'il ne prît aussitôt le diadème et substituât la royauté à la fiction du principat. Mais, son entourage lui ayant représenté qu'il s'était élevé au-dessus des princes et des rois, dès ce moment, il s'arrogea la majesté des dieux ; ayant alors envoyé chercher en Grèce les statues de dieux les plus vénérées et les plus belles, entre autres celle de Jupiter Olympien, pour remplacer leurs têtes par la sienne, il fit prolonger jusqu'au forum une aile du Palatium, et, transformant en vestibule le temple de Castor et de Pollux, il s'y tenait souvent au milieu de ses frères les dieux et s'offrait parmi eux à l'adoration des visiteurs ; et certains le saluèrent du nom de Jupiter Latial. Il consacra même à sa divinité un temple spécial, des prêtres et des victimes tout à fait rares. Dans ce temple se dressait sa propre statue en or, faite d'après nature, que l'on revêtait chaque jour d'un costume semblable au sien. La dignité de grand prêtre était obtenue tour à tour, à force de brigue et de surenchères, par les citoyens les plus riches. Les victimes étaient des flamants, des paons, des coqs de bruyère, des poules de Numidie, des pintades, des faisans, et chaque jour on changeait d'espèce. Mieux encore, les nuits où la lune brillait dans son plein, il l'invitait fréquemment à venir l'embrasser et partager sa couche, et le jour il causait secrètement avec Jupiter Capitolin, tantôt en chuchotant et prêtant l'oreille à son tour, tantôt à voix plus haute et non sans le quereller.

Vie des douze Césars. Caligula, **XXII**

MÉGÈRES NON APPRIVOISÉES

S'il est vrai que la langue française désignera toujours une femme comme un monstre au masculin, le point de vue antique trahit quelques *a priori* peu flatteurs pour la gent féminine. Foisonnent, dans la mythologie, les monstres de sexe féminin, Sphinx, Gorgones, Harpyes, Sirènes, Scylla, Furies et autres mégères affublées de vices, anthropophages, sauvages, ravisseuses, castratrices, mortifères : de fatals fléaux pour l'humanité ! De la Grèce jusqu'au monde romain, la société méditerranéenne est globalement misogyne ; elle n'hésite pas à taxer le féminin de toutes les tares en l'associant à l'obscur, à l'excès, à l'occulte, à la sensualité débridée, voire à la virilité déplacée : on connaît Circé métamorphosant les hommes en pourceaux, et Médée meurtrière de ses enfants. Aristote se fait fort de définir la femme comme un écart par rapport à la norme masculine. La matière, relevant du féminin, doit se soumettre à la forme, relevant du masculin. Le genre féminin est le double imparfait et inférieur de l'homme. Faut-il donc s'étonner de ce que les textes antiques parent les femmes de caractéristiques ou de connotations monstrueuses ? Dans la lignée d'Ève et de Pandore figure toute une descendance vouée à de tristes qualificatifs. Que l'on se rassure, la caractérisation relève souvent de la métaphore ! Mais elle traduit aussi un mode de perception du féminin qui insiste sur son altérité fondamentale avec le masculin.

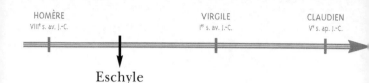

HOMÈRE
VIIIᵉ s. av. J.-C.

VIRGILE
Iᵉʳ s. av. J.-C.

CLAUDIEN
Vᵉ s. ap. J.-C.

Eschyle

Cassandre prédit le sort réservé aux Atrides en prophétisant le crime tout proche de Clytemnestre et compare la reine aux monstres de la mythologie. Agamemnon, vainqueur de Troie, entre dans le palais où l'attend sa femme, justicière décidée à venger la mort d'Iphigénie, mais aussi adultère soucieuse de défendre son bonheur avec Égisthe. C'est Clytemnestre qui paraît monstrueuse, et non le roi qui a pu sacrifier sa fille à l'autel de la victoire grecque.

ÉPOUSE DÉNATURÉE

Voilà, je vous le déclare, ce dont quelqu'un médite la vengeance, un lion – mais un lion lâche qui reste à la maison et, vautré dans le lit, las ! y attend le retour du maître, mon maître, puisqu'il me faut porter un joug d'esclave. Et le chef de la flotte, le destructeur de Troie, ne sait pas ce que l'odieuse chienne, dont la voix longuement dit et redit l'allégresse, sournoise puissance de mort, lui prépare pour son malheur ! Telle est son effronterie ! Femelle tueuse du mâle, je vois en elle… De quel monstre odieux – dragon à deux têtes, Scylla gîtée dans les rochers, fléau des marins – devrai-je emprunter le nom pour donner celui qu'elle mérite à cette mère en furie, sortie de l'Enfer, qui contre tous les siens ne respire que guerre sans trêve. Ah ! le cri de triomphe qu'elle a poussé, la scélérate : le cri de guerrier devant la déroute ennemie ! Et l'on s'imagine qu'elle exprime ainsi la joie d'un heureux retour ! – Mais, croyez-moi ou non, peu m'importe ! ce qui doit être sera, et toi, qui bientôt vas en être témoin, plein de pitié, tu diras que j'étais trop véridique prophétesse.

Agamemnon, 1222-1241

HOMÈRE
VIIIe s. av. J.-C.

VIRGILE
Ier s. av. J.-C.

CLAUDIEN
Ve s. ap. J.-C.

Sénèque

Médée choisit de tuer ses enfants pour venger la trahison de Jason son époux. Le lecteur-spectateur assiste à la transformation de la femme en monstre de fureur et de violence. L'héroïsme tragique se manifeste par l'entrée consentie dans les parages de l'inhumanité. La cruauté se met au service d'une douleur devenue insurmontable.

MEURTRIÈRE DE SES ENFANTS

Tout ce qui a été commis jusque-là, qu'on l'appelle fidélité au devoir. À l'action, faisons en sorte qu'on sache combien légers, de quelle marque commune étaient les crimes que j'ai accomplis pour le service d'autrui. Avec eux ma rancœur a préludé : que pouvaient oser de grand des mains novices, une fureur de jeune fille ? Maintenant je suis Médée ; ma nature s'est épanouie dans le mal : je trouve profit, je trouve profit à avoir ravi la tête de mon frère, je trouve profit à avoir dépecé ses membres et à avoir dépouillé mon père de ce trésor qu'il tenait caché, je trouve profit à avoir armé des filles pour perdre leur vieux père. Cherche un objet, ma rancœur : quel que soit le forfait, tu n'y apporteras pas une main novice. Où donc t'élances-tu, ma rage, et quels traits diriges-tu contre ton perfide ennemi ? Je ne sais ce qu'en lui-même a décidé mon cœur farouche et n'ose encore s'avouer. J'ai eu la sottise de trop me hâter : ah ! si mon ennemi avait eu des enfants de sa concubine. Mais toute la postérité que tu as de lui, considère que Créuse l'a engendrée. J'ai choisi ce genre de châtiment et je l'ai choisi à juste titre : mon dernier crime, il faut le préparer d'une âme haute ; enfants jadis à moi, subissez le châtiment pour les crimes de votre père.

Médée, 904-925

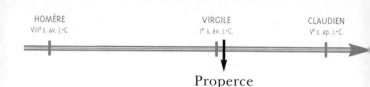

HOMÈRE
VIIIe s. av. J.-C.

VIRGILE
Ier s. av. J.-C.

CLAUDIEN
Ve s. ap. J.-C.

Properce

À l'époque de Properce, la liste des amours féminines mons-
trueuses est devenue canonique. L'époque alexandrine en
avait dressé le catalogue, dont s'inspirent Properce et Ovide.
L'élégie suivante illustre l'idée que les femmes brûlent de désirs
furieux, telles Pasiphaé, Tyro, Myrrha, Médée, Clytemnestre,
Scylla, désormais indissociables dans la poésie.

DÉSIRS INCONTRÔLÉS

Tu me reproches si souvent le désir qui est le nôtre :
crois-moi, ce désir vous commande davantage. Vous,
quand vous avez rompu le frein de la décence que vous
méprisez, vous ne savez pas conserver le contrôle de
votre esprit possédé. La flamme s'apaiserait plus vite à
travers les moissons incendiées, les fleuves seraient prêts
à retourner à leur source, la Syrte offrirait aux marins un
port tranquille, et le cruel cap Malée, par son accueil,
des rivages favorables, plus vite qu'on ne pourrait vous
retenir dans votre élan et briser les aiguillons de votre
libertinage furieux. À preuve celle qui, ayant subi le
dédain du taureau crétois, se revêtit des fausses cornes
d'une vache de sapin ; à preuve la fille de Salmonée, brûlant pour l'Énipée thessalien, qui voulut se soumettre
tout entière au dieu liquide. Elle est aussi objet de blâme
cette Myrrha, enflammée de désir pour son vieux père,
qui se cacha dans les feuillages d'un arbre nouveau. Et
que dirai-je du crime de Médée au temps où l'amour
apaisa la colère d'une mère par le meurtre de ses
enfants ? Et de celui de Clytemnestre par qui la maison
de Pélops tout entière à Mycènes se voit déshonorée par
l'adultère ? Et toi, Scylla, vendue pour la beauté de
Minos, tu enlèves, en coupant un cheveu d'or, le
royaume à ton père. La vierge avait donc promis cette
dot à l'ennemi ! Nisus, c'est l'amour qui ouvrit ta porte

par la tromperie. Mais vous, vierges non mariées, brûlez des torches plus heureusement: la jeune femme est suspendue, entraînée par le vaisseau crétois. Pourtant ce n'est pas sans raison que Minos siège comme juge dans l'Orcus: quoique vainqueur, il fut équitable envers son ennemi.

Élégies, III, 19, *De feminarum incontinentia*

HOMÈRE
VIIIe s. av. J.-C.

VIRGILE
Ier s. av. J.-C.

CLAUDIEN
Ve s. ap. J.-C.

Martial

Si l'homosexualité masculine est tolérée et même admise ou favorisée dans certaines conditions, il n'en va pas de même de l'homosexualité féminine, jugée contre nature. La femme qui noue une relation intime avec une autre femme cumule le crime d'adultère avec un second crime, celui d'usurper le rôle qui échoit normalement à un partenaire masculin : telle cette Bassa, dont les secrets penchants suscitent la réprobation indignée de Martial.

UNE ÉNIGME PIRE QUE CELLE DE LA SPHINX

Je ne voyais jamais, Bassa, d'homme à tes côtés, et aucune fâcheuse histoire ne te donnait jamais d'amant. Empressées autour de toi, une foule de personnes de ton sexe te rendaient à toute heure toute sorte de services sans que jamais homme approchât : aussi te prenais-je, j'en fais l'aveu, pour une Lucrèce. Mais c'est toi, Bassa – ô scandale !, qui les besognais ! Tu as l'audace d'accoupler deux sexes identiques, et ton clitoris monstrueux remplit frauduleusement le rôle du mâle. Tu as imaginé une énigme inouïe, digne du Sphinx thébain : un adultère commis sans la participation d'un homme !

Épigrammes, I, 90

HOMÈRE
VIIIe s. av. J.-C.

VIRGILE
Ier s. av. J.-C.

CLAUDIEN
Ve s. ap. J.-C.

Apulée

La frénésie féminine est encore indexée dans cet épisode du roman d'Apulée, où une riche Corinthienne commande pour ses plaisirs nocturnes le service d'un âne – en réalité Lucius, le héros du roman, malencontreusement métamorphosé en animal. Le mythe de Pasiphaé, la reine crétoise qui s'est unie jadis à un taureau, sert de référent humoristique à cette scène zoophile.

ACCOUPLEMENT CONTRE NATURE

J'avais cependant une inquiétude qui ne me causait pas un mince tourment : avec tant et de si grandes jambes, comment chevaucher une personne aussi délicate ? Ces membres transparents et tendres et pétris de lait et de miel, comment les serrer entre mes durs sabots ? Ces lèvres fines et vermeilles, humides de rosée céleste, comment les baiser avec cette large bouche informe, plantée d'affreuses dents semblables à des pavés ? Comment, enfin, démangée même jusqu'au bout des ongles, comment ferait-elle pour suffire à mes dimensions colossales ? « Que j'aie le malheur, me disais-je, de fendre en deux cette noble dame, je serai livré aux bêtes et figurerai dans le combat offert par mon maître. » Cependant, c'étaient de sa part de tendres appellations, des baisers continuels, de doux chuchotements accompagnés de coups d'œil provocants. « Je te tiens, répétait-elle enfin, je te tiens, mon petit pigeon, mon moineau. » Et tout en parlant elle me fit voir que mes imaginations étaient vaines et mes craintes sans fondement. Car, m'enlaçant étroitement, elle me reçut tout entier, je dis bien tout entier. Et à chaque fois que, pour la ménager, j'esquissais un mouvement de recul, à chaque fois elle se rapprochait d'un effort frénétique, et, saisissant mon échine, elle resserrait son étreinte et se plaquait tout contre moi. Au point que je craignais même en vérité de n'avoir pas tout ce qu'il fallait pour assouvir ses appétits et que ce n'était pas sans raison, me disais-je, que la mère du Minotaure avait pris son plaisir avec un amant mugissant. Après une nuit laborieuse et sans sommeil, pour se dérober à la complicité de la lumière, la dame s'en fut, en convenant du même prix pour une autre nuit.

Les Métamorphoses, X, 22

IV

STRATÉGIES
D'INFILTRATION

MERVEILLES DE L'ART

La persistance exceptionnelle et frappante du monstre dans l'art, depuis la période archaïque grecque jusqu'à l'ère chrétienne, s'explique en bonne partie par la plasticité de ses formes. Expressif tout autant que malléable, le monstre présente un intérêt ornemental évident. Sa présence constante dans les peintures pariétales, dans le mobilier, dans les jardins aristocratiques, tient certes à la prégnance des mythes et à leur puissance évocatrice, mais aussi aux contraintes matérielles d'une représentation spatiale qui impose le recours à des formes aptes à se couler dans l'espace disponible ou recherchées pour leur beauté singulière : pieds de table, angles, recoins, supports accueillent volontiers sphinx, griffons et centaures, tandis que les pas de portes sont fréquemment ornés d'une gorgone, destinée à chasser le mauvais œil. L'armement des rois et des guerriers est également souvent orné d'un monstre, chargé d'effrayer l'ennemi.

Largement présent dans l'environnement culturel gréco-romain, le monstre tend aussi à apparaître comme un emblème privilégié de la création, en tant que créature des débuts de l'univers, renvoyant aux premières productions de la nature, ou au contraire en tant qu'être fantastique, fruit de l'imagination humaine. C'est la raison pour laquelle le monstre se voit volontiers associé, dans les traités d'architecture ou dans les poétiques, à une réflexion sur l'art, la laideur, la beauté et le goût : hétérogène, hybride, impur, il appartient plutôt à un courant anti-classique, qui s'épanouira ultérieurement autour des grotesques et de leurs avatars, singeries et chinoiseries. Symbole de la fantaisie créatrice, il donne lieu à des réactions de rejet ou de sublimation, d'évitement ou d'éloge, alors paradoxal.

Considérer le monstre comme une création de l'homme nous renseigne sûrement sur les structures de l'imaginaire comme sur les mécanismes de la création. Il forme une constante dans l'univers de l'expression formelle ; par-delà les cultures, il est commun à toutes les époques et à tous les pays. Monstres et animaux fantastiques ne sont-ils pas liés à nos pulsions et à notre inconscient ?

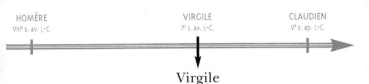

HOMÈRE
VIIIᵉ s. av. J.-C.

VIRGILE
Iᵉʳ s. av. J.-C.

CLAUDIEN
Vᵉ s. ap. J.-C.

Virgile

Lors de la guerre de Troie, le prêtre troyen Laocoon conseille à ses concitoyens de détruire le cheval de bois que les Grecs ont laissé sur la grève avant de partir. Alors qu'il offre un sacrifice, deux serpents surgis de la mer viennent l'étouffer, lui et ses enfants. Les Troyens interprètent ce prodige comme un signe des dieux et décident, en une tragique erreur, d'introduire la machine fatale au cœur d'Ilion[1]. L'attaque des serpents avait été l'objet d'un célèbre groupe en marbre, sculpté par le Rhodien Hagésandre et ses deux fils. Cette sculpture, que Michel-Ange appela « le miracle de l'art », a pu inspirer Virgile, comme la comparaison entre le texte virgilien et le groupe statuaire inspire à son tour, longtemps après, les réflexions de Lessing sur les moyens d'expression respectifs de l'art et de la poésie.

LAOCOON ET LES SERPENTS DE TÉNÉDOS : UN CLASSIQUE DE LA CRITIQUE D'ART

Ici un autre événement, plus considérable et beaucoup plus angoissant, vient assaillir les malheureux que nous sommes, troubler nos cœurs déconcertés. Laocoon, désigné par le sort comme prêtre de Neptune, immolait, sur l'autel des sacrifices solennels, un puissant taureau. Or voici que de Ténédos à travers les eaux calmes du large deux serpents aux anneaux démesurés – je le raconte avec horreur – s'allongent sur l'abîme et d'un égal mouvement tendent vers le rivage ; leur poitrine dressée au milieu des vagues, leur crête sanglante domine les ondes ; le reste de leur corps glisse sur la mer et roule l'ondulation de leur dos démesuré. Il y a grand bruit dans les flots qui écument ; et déjà ils avaient pris terre, et, leurs yeux flamboyants emplis de sang, de feu, ils léchaient de leur langue vibrante des gueules pleines

1. Autre nom de Troie.

de sifflements. À cette vue, nous nous enfuyons, sans plus une goutte de sang. Eux, sans hésiter, vont droit à Laocoon, et d'abord chacun des deux serpents étreint, enlace le corps enfantin de ses deux fils, déchire, dévore leurs membres pitoyables; puis, comme il venait à leur secours et apportait des armes, ils le saisissent lui-même et le lient de leurs anneaux gigantesques; et déjà deux fois ils ont enlacé son corps par le milieu, deux fois serré autour de son cou leur dos écailleux; ils le dominent de leur tête et de leur nuque dressée. Lui, tout ensemble, s'efforce à pleines mains de desserrer ces nœuds, jusque sur ses bandelettes inondé de leur bave et de leur noir venin, et en même temps il pousse vers les astres des clameurs horribles, comme mugit un taureau quand il s'est enfui, blessé, de l'autel et a secoué de sa nuque une hache mal assurée. Mais les deux dragons, d'un trait, s'échappent vers les temples de la ville haute, ils gagnent le sanctuaire de la farouche Tritonienne et sous les pieds de la déesse, sous l'orbe de son bouclier, trouvent un abri.

Énéide, II, 199-227

HOMÈRE
VIIIᵉ s. av. J.-C.

VIRGILE
Iᵉʳ s. av. J.-C.

CLAUDIEN
Vᵉ s. ap. J.-C.

Horace

Texte célébrissime que cette épître aux Pisons, Art poétique *en vérité, dans lequel le poète développe ses idées sur la littérature, qu'il divulgue à travers une série de préceptes généraux, tel le fameux* ut pictura poesis *(c'est-à-dire, « la poésie est semblable à un tableau »). Le traité s'ouvre sur une image forte de symboles. L'œuvre d'art ne saurait être composée à la manière d'un être hybride ; elle doit au contraire faire l'objet d'une conception unitaire. Le rire est censé chasser la vision grotesque.*

DE BRIC ET DE BROC

Si un peintre voulait ajuster sous une tête humaine le cou d'un cheval et appliquer des plumes de diverses couleurs sur des membres pris de tous côtés, dont l'assemblage terminerait en hideux poisson noir ce qui était par en haut une belle femme, pourriez-vous, introduits pour contempler l'œuvre, vous empêcher de rire, mes amis ? Croyez-moi, Pisons, ce tableau vous offrira le portrait fidèle d'un livre où, pareilles aux songes d'un malade, ne seront retracées que des images inconsistantes, faisant un corps dont les pieds et la tête ne répondront pas à un type unique. Les peintres et les poètes, toujours, eurent le juste pouvoir de tout oser, je le sais, et c'est un privilège que je réclame et que j'accorde tour à tour, mais non jusqu'à mettre ensemble animaux paisibles et bêtes féroces, jusqu'à apparier les serpents avec les oiseaux, les agneaux avec les tigres.

Épîtres. Art poétique, 1-13

HOMÈRE
VIII° s. av. J.-C.

VIRGILE
I° s. av. J.-C.

CLAUDIEN
V° s. ap. J.-C.

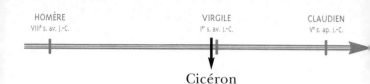

Cicéron

*Cicéron démontre la relativité du goût. Il dénonce la perspec-
tive anthropomorphique qui définit le beau en fonction de critè-
res humains. Dans le genre humain aussi, la beauté est relative
et varie au gré du jugement individuel.*

TRITON ET LE JUGEMENT ESTHÉTIQUE

Si, de la même façon, la nature a prescrit à l'homme
de ne rien trouver plus beau que l'homme, pourquoi
s'étonner que, pour cette même raison, nous pensions
que les dieux ressemblent aux hommes ? Que penses-tu
qu'il arriverait si les bêtes possédaient la raison ?
Chacune n'accorderait-elle pas la prééminence à son
espèce ? Non vraiment (je le dirai comme je le pense),
quel que soit l'amour que je porte à ma personne, je
n'ose pourtant pas dire que je suis plus beau que le
fameux taureau qui emporta Europe : il n'est pas question ici de notre intelligence ou de notre éloquence mais
de notre forme et de notre apparence extérieure. S'il
nous prenait fantaisie d'imaginer un être composite, tel
qu'on peint le dieu marin Triton porté par des monstres
qui nagent, unis à son corps d'homme, tu ne voudrais
pas lui ressembler. Je me trouve en terrain difficile : le
pouvoir de la nature est si fort que nul homme ne veut
ressembler à autre chose qu'à un homme... et une
fourmi à une autre fourmi.

La Nature des dieux, I, 27-28, 77-78

HOMÈRE
VIIIe s. av. J.-C.

VIRGILE
Ier s. av. J.-C.

CLAUDIEN
Ve s. ap. J.-C.

Vitruve

Vitruve condamne l'excentricité de la peinture pariétale contemporaine, qui met à l'honneur des motifs en rupture avec les canons de la mimesis *: monstres, grotesques, ornements fantaisistes, voire fantasques, fleurissent alors dans les arts décoratifs. La peinture, selon ce partisan de l'ancienne esthétique, plus classique, devrait représenter ce qui est, non l'invraisemblable. La dénonciation n'est pas seulement affaire de goût, mais aussi de morale : les décorateurs sont accusés de jouer dangereusement avec des images d'illusion et de chaos. La villa des Mystères ou la maison d'Auguste portent le témoignage de cette vogue.*

LES MONSTRES DANS LES ARTS DÉCORATIFS : LE COMBLE DU MAUVAIS GOÛT !

Mais ces motifs, qui étaient des copies tirées de choses véritables, aujourd'hui un goût dépravé fait qu'on les condamne. On peint sur les enduits des monstruosités plutôt que les images précises de choses bien définies : à la place de colonnes, on met des roseaux ; en guise de frontons, des tiges cannelées disposées en accolades avec leurs feuilles enroulées et leurs volutes ; on fait aussi des candélabres qui soutiennent les images de petits temples, et, au-dessus de leurs frontons, surgissant de leurs racines au milieu des volutes, des fleurs délicates qui supportent, de façon tout à fait gratuite, des figurines assises ; sans compter les tiges qui portent des figurines tronquées, les unes à tête humaine, les autres à tête d'animal.

Ces choses-là n'existent pas, ne peuvent exister, n'ont jamais existé. C'est donc que l'influence du goût nouveau a été si forte que de mauvais juges ont dénié la valeur artistique aux qualités qui font l'art authentique. Comment, en effet, un roseau peut-il, dans la réalité, soutenir un toit, ou un candélabre les ornements d'un fronton, ou une tige si mince et souple soutenir une figurine assise, comment de racines ou de tiges peuvent naître tantôt des fleurs, tantôt des figurines tronquées ?

Et pourtant, alors qu'on voit que tout cela est faux, on ne le blâme pas, on y trouve plaisir au contraire, et on ne s'inquiète pas de savoir si quelque chose là-dedans peut ou non exister. Les esprits obscurcis par ces jugements sans consistance ne sont plus capables d'apprécier ce qui peut réellement exister et qui s'impose par sa conformité au principe de convenance. Car on ne doit pas donner son approbation aux peintures qui n'ont pas de ressemblance avec la réalité ; et quand bien même le talent de l'artiste leur a conféré de l'élégance, on ne doit pas pour autant s'écrier qu'elles sont « bien », si elles ne se conforment pas, dans leur sujet, à des règles précises, mises en œuvre sans défaillance.

De l'architecture, VII, chap. V, 3-4

HOMÈRE
VIIIe s. av. J.-C.

VIRGILE
Ier s. av. J.-C.

CLAUDIEN
Ve s. ap. J.-C.

Hésiode

Héraclès revêt ses armes et prend un bouclier orné de redoutables ciselures, un dragon, des sangliers, des Lapithes et des Centaures, le dieu de la guerre Arès, ainsi que la terrible Gorgone dont le regard paralyse l'assaillant. La présence de monstres sur l'armement des guerriers est une constante dans les textes comme sur les objets conservés. Le motif est récurrent dans l'épopée : il s'agit d'effrayer l'ennemi en l'intimidant. Ici, le soin porté à la description de l'objet revêt une importance particulière qui excède la seule dimension symbolique.

LE BOUCLIER D'HÉRACLÈS

Ses mains prirent enfin l'écu étincelant que jamais aucun trait n'a percé ni rompu, prodige pour les yeux. Sur toute sa surface ronde luisaient doucement l'émail blanc, l'ivoire, l'électron, et flamboyait l'éclat de l'or. Des bandes d'émail bleu le partageaient. Au milieu se voyait un dragon – image d'indicible épouvante – qui regardait derrière lui avec des yeux brillants comme des flammes. Une blanche rangée de dents, terribles, effroyables, courait autour de sa bouche, et, sur son front qui répandait l'effroi, l'horrible Lutte s'était venue percher, pour présider à la mêlée humaine – Lutte, la méchante, qui toujours a ravi et le cœur et le sens à ceux qui ont osé entrer en guerre ouverte avec le fils de Zeus. Ceux-là, leurs âmes, plongeant sous la terre, descendent dans l'Hadès, cependant que leurs os voient se corrompre, sous l'ardeur de Sirius, la chair qui les entoure et pourrissent sur la terre noire.

Là se voyaient douze têtes de serpents d'une indicible horreur. Elles mettaient en fuite les hommes d'ici-bas. On entendait grincer leurs dents quand combattait le fils d'Amphitryon. Et ce prodige d'art lançait aussi des feux ; des taches se laissaient voir sur ces horribles dragons au dos d'azur sombre, aux bajoues noires.

143

[...]

Là se voyait le fils de Danaé aux beaux cheveux, le cavalier Persée. Ses pieds ne touchaient pas au bouclier, sans en être éloignés pourtant, prodige étonnant à observer ; il ne s'appuyait sur rien. Ainsi, de ses mains adroites, l'avait fait l'illustre Boiteux. Il était en or, et il avait aux pieds des sandales ailées. À ses épaules pendait une épée niellée, au bout d'un baudrier d'airain. Il allait, comme vole la pensée, et son dos disparaissait tout entier sous la tête d'un monstre effrayant – la Gorgone ! Un sac l'enveloppait, fait d'argent, merveille pour les yeux. Les franges en pendaient et flottaient au vent, éclatantes, en or. Et, terrible, sur les tempes du héros était posé le casque d'Hadès, qui contient les ténèbres lugubres de la nuit. Et Persée, fils de Danaé, fuyait à grandes enjambées – on croyait voir sa hâte et sa terreur – tandis que, sur ses pas, les Gorgones, images d'indicible épouvante, volaient, brûlant de le saisir. Sous leurs pieds foulant l'acier pâle, le bouclier résonnait d'un horrible fracas, strident et sonore. De leurs ceintures se détachaient deux serpents, qui ployaient la tête, dardaient la langue et heurtaient leurs mâchoires furieuses en lançant des regards sauvages. Et sur les fronts terribles des Gorgones tournoyait un immense effroi.

Le Bouclier, 139-167 et 216-237

HOMÈRE
VIII° s. av. J.-C.

VIRGILE
I°° s. av. J.-C.

CLAUDIEN
V° s. ap. J.-C.

Cicéron

Les monstres ne se cantonnent pas aux boucliers. Ils assiè-
gent avec une constance égale le mobilier, les objets quotidiens,
les fresques, avec des prolongements dans tout l'art occidental.
Cicéron fustige les malversations de Verrès alors gouverneur de
Sicile, coupable d'avoir constitué une galerie d'art personnelle
en volant les chefs-d'œuvre de la région qu'il était chargé d'ad-
ministrer. Parmi les objets dérobés, une tête de Méduse, par ail-
leurs emblème de l'île.

MÉDAILLON D'IVOIRE

Et maintenant que dirai-je, moi, des battants de porte
de ce temple ? Je crains de paraître aux yeux des personnes qui ne les ont pas vus exagérer et embellir. Et pourtant nul ne doit me soupçonner d'être assez passionné
pour m'exposer à être convaincu de légèreté et de men-
songe par tant d'hommes de premier rang et surtout
d'entre les juges qui sont allés à Syracuse et qui ont vu
ces objets. Je puis, juges, affirmer hardiment que jamais
en aucun temple il n'y eut battants de portes plus
luxueux, travail plus parfait d'or et d'ivoire. On ne saurait croire combien de Grecs ont laissé de descriptions
de la beauté de ces battants de porte. Peut-être les admi-
rent-ils et les exaltent-ils trop ? Soit. Cependant, juges, si
notre général a laissé en temps de guerre des objets leur
paraissant beaux, il fait plus d'honneur à l'État que le
préteur qui en temps de paix les a enlevés. Des sujets
d'ivoire, travaillés avec le soin le plus rare, se trouvaient
ciselés sur les battants de porte. Verrès eut soin de les en
détacher tous. Une très belle tête de Méduse, entourée
de serpents, est arrachée et emportée par lui. Et cependant il montra bien qu'il était conduit non seulement
par l'amour de l'art, mais par la valeur vénale et la cupi-
dité, car il n'hésita point à enlever de ces battants de

porte tous les clous d'or qui étaient en grand nombre et massifs : ils lui plaisaient par leur poids et non comme œuvres d'art. Et voilà comment il laissa les battants de porte : servant surtout, jadis, à orner le temple, ils semblent à présent uniquement destinés à le fermer.

Discours. Seconde action contre C. Verrès, IV, 124

HOMÈRE
VIII° s. av. J.-C.

VIRGILE
I° s. av. J.-C.

CLAUDIEN
V° s. ap. J.-C.

Philostrate

Parce qu'il combine monstruosité et idéal, le Centaure ins-
pire le genre de l'éloge paradoxal. La contemplation du tableau
doit forger le goût.

BEAUTÉ DU CENTAURE

Tu croyais que les Centaures étaient nés des chênes,
des pierres, ou même de cavales fécondées, dit la fable,
par le fils d'Ixion, ce qui expliquerait comment ils réu-
nissent en eux une double nature ; la vérité est que dans
l'espèce des Centaures les mères ont toujours eu de la
ressemblance avec des femmes, leurs petits avec les
enfants des hommes, et qu'ils avaient dès le principe le
plus agréable des séjours. Je ne pense pas, en effet, que
tu aies quelque prévention contre le Pélion, contre la vie
qu'on y mène, contre les forêts de frênes cultivées par le
vent, qui donnent des lances bien droites, à la pointe
aussi dure que le fer. Que dire de ces belles cavernes, de
ces sources que fréquentent les femelles des Centaures,
semblables à des naïades si nous oublions leur nature
chevaline, rappelant à certains égards les Amazones :
c'est le cheval uni à la femme, c'est la force s'ajoutant
à la délicatesse des formes. Quant aux enfants des
Centaures, les uns sont encore couchés dans leurs lan-
ges, les autres commencent à en sortir ; ceux-ci semblent
pleurer, ceux-là sont heureux et sourient à la mamelle
qui leur verse le lait en abondance ; d'autres bondissent
sous leur mère ; d'autres embrassent les Centauresses
agenouillées ; en voici un qui dans sa précoce insolence
lance une pierre contre sa mère ; ceux-ci n'ont encore
que les formes indistinctes de l'enfance aux chairs gon-
flées de lait ; ceux-là, qui bondissent déjà, montrent je ne
sais quelle rudesse de mœurs malgré leur crinière à
peine naissante et leurs sabots encore tendres. Vois aussi

147

comme les mères sont belles, même à ne considérer que leur partie chevaline, blanche chez les unes, jaune chez les autres, ailleurs de teintes variées ; toutes brillent de cet éclat qui est propre aux cavales bien entretenues. Celle-ci, sur un corps de cheval tout noir, élève un buste d'une blancheur parfaite : ce violent contraste contribue à la beauté de l'ensemble.

La Galerie de tableaux, II, 3

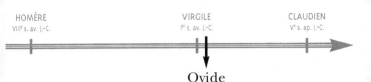

HOMÈRE
VIIIe s. av. J.-C.

VIRGILE
Ier s. av. J.-C.

CLAUDIEN
Ve s. ap. J.-C.

Ovide

Ovide insère une parenthèse idyllique dans la relation de la lutte entre les Lapithes et les Centaures en contant les amours exemplaires de deux d'entre eux, Cyllare et Hylonomé. Le corps de Cyllare sert de référence pour illustrer implicitement les beautés idéales de l'art, supérieur à la nature.

AMOUR MONSTRE

Au milieu de cette bataille, ta beauté, Cyllare, ne peut te sauver, si toutefois la beauté nous paraît compatible avec une nature comme la tienne. Ce Centaure avait une barbe naissante, une barbe de couleur dorée, et une chevelure dorée flottait depuis ses épaules jusqu'au milieu de ses flancs. Son visage avait un air de grâce et de force ; son cou, ses épaules, ses bras, sa poitrine et tout ce qui en lui était de l'homme rappelaient les chefs-d'œuvre de l'art ; au-dessous de son buste les formes du cheval n'étaient pas moins impeccables, moins parfaites que celles qu'il tenait de l'homme ; donnez-lui une encolure et une tête et il sera digne de Castor, tant ses reins offrent une bonne assiette, tant les muscles font saillie sur son poitrail ; tout son corps est plus noir que la poix la plus sombre, mais sa queue est blanche et blanches sont aussi ses jambes. Beaucoup de jeunes filles de sa race ont cherché à lui plaire ; une seule a gagné son cœur : Hylonomé, la plus belle de toutes celles qui ont jamais habité dans les hautes forêts au milieu de ces monstres à demi bêtes ; seule elle a su s'attacher Cyllare par ses caresses, par son amour et par ses déclarations d'amour. Elle prend de son corps tous les soins que comporte sa nature : elle lisse sa chevelure avec un peigne ; elle se fait des guirlandes tantôt de romarin, tantôt de violettes ou de roses ; parfois elle se couronne de lis éclatants de blancheur ; deux fois par jour elle baigne

149

son visage dans les sources qui jaillissent des sommets boisés de Pagasa, deux fois elle plonge son corps dans leurs eaux; elle sait choisir les peaux de bêtes les plus seyantes pour en couvrir son épaule ou son flanc gauche. Tous deux sont unis l'un à l'autre par un amour égal; ils errent ensemble sur les montagnes, ensemble ils pénètrent dans les grottes; ils venaient alors de se rendre côte à côte à la demeure du Lapithe et côte à côte ils prenaient part à cette lutte sauvage. Un javelot lancé par un inconnu arrive du côté gauche et il te frappe, Cyllare, au-dessous du point où la poitrine se joint au cou; le cœur n'est atteint que d'une blessure légère; et pourtant, le trait retiré, il se glace avec tout le reste du corps. Aussitôt Hylonomé reçoit dans ses bras les membres du mourant; elle met sa main sur la blessure, qu'elle cherche à fermer; elle approche sa bouche de la bouche de Cyllare et elle essaie de barrer le passage à son âme qui s'enfuit. Enfin, quand elle le voit mort, elle laisse échapper des paroles que les cris des combattants empêchent de parvenir jusqu'à mes oreilles; puis elle se jette sur la pointe de l'arme qui a percé son époux et, mourante elle-même, elle l'enlace de ses bras.

Les Métamorphoses, XII, 393-428

HOMÈRE
VIIIe s. av. J.-C.

VIRGILE
Ier s. av. J.-C.

CLAUDIEN
Ve s. ap. J.-C.

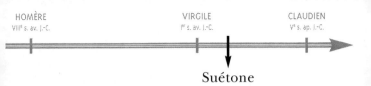

Suétone

Auguste usait d'un sceau à l'effigie du Sphinx pour la signature des documents officiels.

SIGNATURE IMPÉRIALE

Pour cacheter les brevets, les pièces officielles et ses lettres, il employa d'abord l'image d'un sphinx, ensuite une effigie d'Alexandre le Grand, enfin son propre portrait gravé par Dioscuride, qui resta le sceau des empereurs suivants. Sur toutes ses lettres, il ajoutait aussi l'indication de l'heure, non seulement du jour mais de la nuit, à laquelle il les faisait partir.

Vie des douze Césars. Auguste, L

DRÔLES DE CRÉATURES

Si les monstres sont parmi nous, autour de nous, ils ne sont pas pour autant systématiquement objets d'effroi. Les regards sarcastiques, humoristiques ou satiriques viennent démystifier les représentations d'horreur et contribuent à domestiquer le monstrueux en le rendant au territoire de l'humain. Quelques créatures mythiques deviennent ainsi de risibles ou de sympathiques compagnons. Dans cet effort pour canaliser le monstrueux dans l'enclos de la raison domine la culture grecque. La comédie, la poésie hellénistique, la philosophie et le roman sont ici pris en exemple avec Aristophane, Platon, Théocrite, Callimaque, Lucien, et ce poète latin fortement hellénisé que fut Ovide. L'humour n'est-il pas d'ailleurs un efficace moyen d'intégration ?

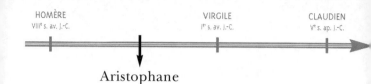

HOMÈRE
VIIIᵉ s. av. J.-C.

VIRGILE
Iᵉʳ s. av. J.-C.

CLAUDIEN
Vᵉ s. ap. J.-C.

Aristophane

*Dans cette pièce qui appartient à la comédie dite ancienne,
Dionysos, parti aux Enfers chercher un poète tragique pour
remédier au piètre état de la tragédie, assiste à une joute souterraine entre Eschyle et Euripide. Aristophane raille ici le style
ampoulé de l'aîné des tragiques, Eschyle, créateur d'aquilogrif-
fes (aigles-griffons) et d'hippocoqs (chevaux-coqs). Les monstres
sont une création du langage, des « mots-valises » contenant
une charge littéraire et destinés à faire rire le public.*

MOTS-VALISES

EURIPIDE. – Eh bien donc, de moi-même et de ce que
je veux comme poète, je parlerai en dernier lieu. Je veux
avant tout convaincre cet homme de charlatanisme et de
tromperie, et montrer par quels artifices il bernait les
spectateurs niais élevés à l'école de Phrynichos. Tout
d'abord, en effet, il faisait asseoir un personnage quelconque, un seul, un Achille ou une Niobé, sans montrer
leur visage, vrais figurants de tragédie, qui ne murmu-
raient pas… ça.

DIONYSOS. – Non, par Zeus, non certes.

EURIPIDE. – Le chœur s'appuyait coup sur coup quatre
séries de chants tout d'un tenant. Et eux se taisaient.

DIONYSOS. – Moi, j'aimais ce silence, et j'y prenais plaisir beaucoup plus qu'aux bavards d'aujourd'hui.

EURIPIDE. – C'est que tu n'es qu'un sot, sache-le bien.

DIONYSOS. – C'est aussi mon avis. Mais pourquoi fai-
sait-il ainsi, le particulier ?

EURIPIDE. – Par charlatanisme, pour que le spectateur
attendît sans bouger que sa Niobé articulât quelque
chose. Et la pièce marchait.

DIONYSOS. – Ô le franc coquin ! Étais-je assez dupé par
lui ? *(À Eschyle.)* Pourquoi ces contorsions et ces gestes
d'impatience ?

154

EURIPIDE. – Parce que je le confonds. Puis, après ces niaiseries, quand le drame était déjà à son milieu, il disait une douzaine de mots gros comme des bœufs, sourcilleux et empanachés, espèces d'étranges croquemitaines, inconnus aux spectateurs.

ESCHYLE. – Malheur à moi !

DIONYSOS. – Tais-toi.

EURIPIDE. – Mais de mot clair, pas un.

DIONYSOS. – *(À Eschyle.)* Ne grince pas des dents.

EURIPIDE. – Ce n'était que scamandres, tranchées, et sur les boucliers aigles-griffons forgés en airain, des vocables perchés à cheval qu'il n'était pas aisé de comprendre.

DIONYSOS. – Oui, par les dieux. Ainsi moi « très longtemps, une nuit, je restai sans sommeil », pensant à son cheval-coq brun et cherchant quel oiseau c'était.

ESCHYLE. – C'était un emblème, ignorantissime, gravé sur les navires.

DIONYSOS. – Et moi qui le prenais pour le fils de Philoxénos, Éryxis !

EURIPIDE. – Et puis fallait-il représenter un coq dans des tragédies ?

ESCHYLE. – Et toi, détesté des dieux, qu'est-ce donc que tu représentais ?

EURIPIDE. – Non des chevaux-coqs, par Zeus, ni, comme toi, des boucs-cerfs tels qu'on en voit figurés sur les tentures de Perse. Mais, dès l'instant que je reçus de toi la tragédie bouffie de termes emphatiques et de vocables pesants, avant tout je la fis maigrir et la rendis moins lourde au moyen de versiculets, de digressions… et de bettes blanches, en lui donnant une décoction de fadaises que j'exprimais de livres.

Les Grenouilles, 907-942

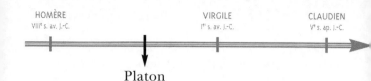

HOMÈRE
VIIIe s. av. J.-C.

VIRGILE
Ier s. av. J.-C.

CLAUDIEN
Ve s. ap. J.-C.

Platon

*Au cours de ce banquet où les convives devisent sur
l'Amour, Platon place dans la bouche du poète Aristophane un
savoureux récit : le mythe de l'androgyne, genre mixte mi-mâle
mi-femelle qui existait à l'origine des temps, quand le monde
était peuplé de créatures sphériques.*

LES TROIS GENRES HUMAINS

Au temps jadis notre nature n'était pas la même qu'à
présent, elle était très différente. D'abord il y avait chez
les humains trois genres, et non pas deux comme
aujourd'hui, le mâle et la femelle. Il en existait un troisième, qui tenait des deux autres ; le nom s'en est
conservé de nos jours, mais le genre, lui, a disparu ; en ce
temps-là, en effet, existait l'androgyne, genre distinct,
qui pour la forme et pour le nom tenait des deux autres,
à la fois du mâle et de la femelle. Aujourd'hui il n'existe
plus, ce n'est plus qu'un nom déshonorant.

Ensuite, la forme de chaque homme constituait un
tout, avec un dos arrondi et des flancs bombés. Ils
avaient quatre mains, le même nombre de jambes, deux
visages tout à fait pareils sur un cou parfaitement rond ;
leur tête, au-dessus de ces deux visages situés à l'opposé
l'un de l'autre, était unique ; ils avaient aussi quatre
oreilles, deux organes de la génération, et le reste à l'ave-
nant, autant qu'on peut l'imaginer. Ils se déplaçaient ou
bien en ligne droite, comme à présent, dans le sens
qu'ils voulaient, ou bien, quand ils se mettaient à courir
rapidement, ils opéraient comme les acrobates qui exé-
cutent une culbute et font la roue en ramenant leurs
jambes en position droite : ayant huit membres qui leur
servaient de points d'appui, ils avançaient rapidement
en faisant la roue. La raison pour laquelle il y avait trois
genres, et conformés de la sorte, c'est que le mâle tirait

son origine du soleil, la femelle de la terre, et le genre qui participait aux deux de la lune, étant donné que la lune elle aussi participe des deux autres. Circulaire était leur forme et aussi leur démarche, du fait qu'ils ressemblaient à leurs parents. De là leur force terrible, et leur vigueur, et leur orgueil immense.

Ils s'attaquèrent aux dieux, et ce que raconte Homère au sujet d'Éphialte et d'Otos concerne les hommes de ce temps-là : ils tentèrent d'escalader le ciel pour combattre les dieux.

Le Banquet, 189 d/190c

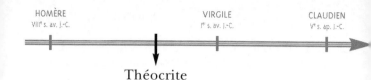

HOMÈRE
VIIIe s. av. J.-C.

VIRGILE
Ier s. av. J.-C.

CLAUDIEN
Ve s. ap. J.-C.

Théocrite

Selon les principes de la poésie hellénistique, Théocrite reprend un grand mythe de la tradition homérique pour l'adapter à la forme brève de l'idylle, privilégiant la variante rare et une écriture raffinée. Où l'on retrouve le Cyclope sanguinaire et anthropophage, dans le rôle inattendu d'un amant. La déclaration de l'ogre, épris de la néréide Galatée, est ridicule de préciosité et touchante de naïveté rustique. Le contraste entre la taille du Cyclope et la grâce fleurie de son langage, tout en miniatures et en hypocoristiques, servirait la critique implicite des conventions de ce langage.

DÉCLARATION CYCLOPÉENNE

Blanche Galatée, pourquoi repousses-tu celui qui t'aime – toi plus blanche à voir que le lait caillé, plus tendre que l'agneau, plus fringante que la génisse, plus luisante que le raisin vert? Pourquoi te promènes-tu ici comme tu fais quand le doux sommeil me possède, et t'en vas-tu aussitôt quand le doux sommeil m'abandonne, fuyant telle qu'une brebis lorsqu'elle a vu le loup au gris pelage? Je me suis mis à t'aimer, jeune fille, du jour que tu es venue avec ma mère pour cueillir des fleurs d'hyacinthe dans la montagne, et que moi je vous servais de guide. Cesser, après que je t'ai vue encore d'autres fois, cela m'est aujourd'hui tout à fait impossible, impossible depuis ce jour. Mais toi, tu n'en as pas souci, non par Zeus, pas du tout.

Je sais, charmante jeune fille, pourquoi tu me fuis. C'est parce qu'un sourcil velu s'étend sur tout mon front de l'une à l'autre oreille, unique et long, parce que j'ai au front un œil unique et qu'un nez épaté me surmonte la lèvre. N'empêche qu'en même temps, tel que je suis, j'ai au pâturage un millier de brebis, que je trais et dont je tire pour boire le lait le plus nourrissant; quant au fromage, il ne me fait défaut ni en été ni en automne ni au plus fort de l'hiver; mais mes claies sont toujours surchargées. Je m'entends à jouer de la syrinx comme ici pas un des Cyclopes quand je chante pour toi, douce pomme chérie, et aussi pour moi-même, souvent bien avant dans la nuit. J'élève pour toi onze biches, toutes marquées de lunes, et quatre petits oursons. Viens donc me trouver, et tu n'y perdras rien. Laisse la mer glauque déferler contre le rivage; tu seras mieux dans mon antre, près de moi pour passer la nuit. Il y a là des lauriers, il y a de sveltes cyprès, il y a du lierre noir, il y a une vigne aux doux fruits, il y a de l'eau fraîche, divin breuvage que l'Etna couvert d'arbres laisse couler pour moi de sa blanche neige. Qui préférerait à cela habiter la mer et les flots? Si moi-même je te parais trop velu, j'ai des bûches de chêne et, sous la cendre, un feu infatigable; et j'endurerais que, de ta main, tu me brûles même l'âme, même mon œil unique, qui m'est plus cher que tout.

Idylles, XI, 19-53

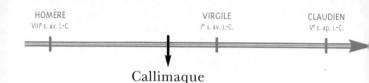

HOMÈRE
VIIIe s. av. J.-C.

VIRGILE
Ier s. av. J.-C.

CLAUDIEN
Ve s. ap. J.-C.

Callimaque

Callimaque présente les Cyclopes comme les compagnons d'Héphaïstos, dans l'île de Lipara. La déesse Artémis, encore enfant, se rend auprès d'eux et leur demande de lui forger ses armes de chasse. Le poète brosse une scène délicate, dans le ton de la poésie alexandrine, où l'enfant sans peur, montée sur les genoux de Brontès, le taquine du haut de ses trois ans et lui promet le butin de sa chasse pour obtenir qu'il accède à ses désirs.

LES GRANDS FRÈRES SICILIENS

Puis elle alla trouver les Cyclopes. Elle les joignit dans l'île de Lipara – Lipara d'à présent, alors Meligounis ; ils étaient là, dans la forge d'Héphaistos, devant les masses de fer ; on pressait un gros travail, un abreuvoir pour les chevaux de Poséidon. Les nymphes eurent frayeur quand elles virent les êtres monstrueux, tout pareils aux rocs de l'Ossa, avec, sous leur sourcil, leur œil unique, tel un bouclier fait de quatre peaux, et leur regard terrible ; frayeur encore quand elles entendirent le bruit de l'enclume et ses lointains échos, et les soufflets puissants de la forge, et des Cyclopes eux-mêmes le souffle pesant. Car l'Etna résonnait, et la Trinacrie, demeure des Sicanes, et la proche Italie ; et Cyrnos même faisait entendre une clameur quand les forgerons, tenant haut les marteaux par-dessus l'épaule et frappant à tour de rôle la coulée de fer ou de bronze, peinaient à grand effort. Les Océanides ne pouvaient sans trembler ni les regarder en face ni ouïr leur vacarme. Et qui leur en voudrait ? Déjà grandes, les filles mêmes des dieux ne les voient qu'avec peur ; quand l'une d'elles est désobéissante, la mère appelle à l'aide les Cyclopes, Argès ou Stéropès, et du fond de la maison Hermès accourt, barbouillé de cendre noire ; il fait épouvantail à l'enfant, qui va se cacher dans le sein de sa mère, les mains sur les yeux. Mais toi, déesse, plus petite pourtant – tu n'avais que trois ans – quand Létô, te portant dans ses bras, te mena chez Héphaistos, qui l'avait invitée pour les cadeaux de bienvenues, Brontès te prit sur ses genoux robustes, et tu tiras les poils épais de la large poitrine, et tu les arrachas de toutes tes forces ; encore à présent tout le milieu de son corps est sans poils, comme la tempe où s'est installée l'alopécie dévastatrice. Et donc, alors, sans peur, tu parlas : « Allons, Cyclopes, pour moi aussi forgez l'arc crétois et les flèches, et le carquois, abri des traits ; moi aussi je suis de Létô, comme Apollon. Et quand de mes traits j'aurai tué solitaire ou grosse bête, ce sera le repas des Cyclopes. » Tu dis, ils œuvrèrent ; du coup tu fus armée, déesse.

Hymne à Artémis, 46-86

HOMÈRE
VIIIe s. av. J.-C.

VIRGILE
Ier s. av. J.-C.

CLAUDIEN
Ve s. ap. J.-C.

Ovide

*Le géant Argus avait la tâche de veiller la génisse Io dont
la garde lui avait été confiée par Junon. Mandaté par Jupiter,
Mercure s'approche du géant afin de l'endormir. Il lui conte
alors une histoire ; sous le charme de la parole poétique
(Mercure raconte l'histoire de Syrinx à l'origine de la flûte de
pan), le monstre, plutôt débonnaire, s'assoupit comme un
enfant.*

L'ASSOUPISSEMENT D'ARGUS

Argus avait une tête entourée de cent yeux ; ils se
reposaient à tour de rôle, par groupes de deux à la fois ;
tous les autres veillaient et restaient en faction. Quelle
que fût son attitude, il regardait du côté d'Io ; il avait Io
devant les yeux, même le dos tourné.

[...]

Le petit-fils d'Atlas s'assied ; par de longs récits il
retient sous le charme de sa parole le jour qui s'enfuit
et avec la mélodie de ses roseaux assemblés il essaie de
vaincre les yeux vigilants. Le monstre cependant lutte
pour vaincre les douceurs du sommeil et, si certains
de ses yeux sont déjà assoupis, les autres veillent
encore.

[...]

Le dieu du Cyllène allait raconter cette histoire
quand il vit que tous les yeux d'Argus, succombant au
sommeil, s'étaient fermés. Aussitôt il se tait et, pour l'as-
soupir plus sûrement encore, il promène sur ses paupiè-
res languissantes la baguette magique. Puis brusquement, tandis que la tête s'incline, il la frappe de son épée
recourbée à la jointure du cou et la fait rouler, toute sanglante, à bas de la roche, dont elle souille les flancs escarpés. Argus, te voilà gisant ; la lumière dont tu animais
tous tes regards s'est éteinte, et tes cent yeux sont plon-

gés dans la même nuit. La fille de Saturne les recueille ; elle en couvre le plumage de l'oiseau qui lui est cher et les répand comme des pierres précieuses sur sa queue étoilée.

Les Métamorphoses, I, 624-629 ; 682-687 ; 713-723

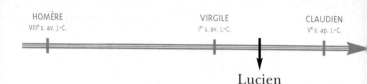

HOMÈRE
VIII° s. av. J.-C.

VIRGILE
I° s. av. J.-C.

CLAUDIEN
V° s. ap. J.-C.

Lucien

Lucien ouvre ses Histoires vraies *sur l'aveu du caractère mensonger de son propos ! Dans cette parodie de récit de voyage totalement extravagante, le héros Endymion participe à la guerre contre Phaéton et les habitants du Soleil. Les deux armées s'affrontent, avec leurs effectifs fabuleux : néphélocentaures, hippomyrmèques, lachanoptères, hippogypes – autant de précurseurs de nos créatures de science-fiction.*

CAVALIERS-VAUTOURS
CONTRE CAVALIERS-FOURMIS

Alors nous fûmes reçus à sa table et nous demeurâmes chez lui. Mais dès l'aurore c'était le lever et la formation de combat. Car les éclaireurs signalaient la proximité des ennemis. Quant aux effectifs de l'armée, ils montaient à cent mille, sans compter les valets, les mécaniciens, les fantassins et les alliés étrangers. Sur ce nombre les *hippogypes* étaient quatre-vingt mille, et les cavaliers montés sur *lachanoptères* [qui ont des ailes de légume] vingt mille. Il s'agit d'oiseaux géants qui sont entièrement couverts de légumes en guise de plumes et dont les ailes ressemblent tout à fait à des feuilles de laitue. Ensuite étaient rangés les *kenchroboles* [lanceurs de grains de millet] et les *scorodomaques* [guerriers à la gousse d'ail]. Endymion reçut le renfort de gens de la [Grande] Ourse, trente mille *psyllotoxotes* [archers montés sur puce], cinquante mille *anémodromes* [coureurs des vents]. Parmi eux, les *psyllotoxotes* chevauchent des puces de grande taille, d'où leur nom (les puces ont une taille équivalente à celle de douze éléphants) ; les *anémodromes* sont des fantassins qui se meuvent sans ailes dans les airs. Ils se meuvent de la façon suivante : ils ont des tuniques tombant jusqu'aux pieds, ils les retroussent et les font gonfler par le vent comme des voiles et ils sont portés

164

comme les esquifs. Normalement, au combat, ces gens-là sont peltastes. On annonçait encore l'arrivée, venant des étoiles qui sont au-dessus de la Cappadoce, de soixante-dix mille *strouthobalanes* [glands de moineaux] et de cinq mille *hippogéranes* [grues-chevaux]. Eux, je ne les ai point vus, car ils ne vinrent pas. Dès lors je ne me suis pas non plus risqué à décrire leur aspect ; on disait en effet à leur sujet des choses prodigieuses et incroyables.

[...]

Chez les ennemis, à l'aile gauche, se trouvaient les *hippomyrmèques* autour de Phaéton. Il s'agit de bêtes immenses, ailées, pareilles à nos fourmis, à part la taille : la plus grande atteint deux plèthres de long. Non seulement leurs cavaliers étaient combattants, mais les bêtes aussi, grâce surtout à leurs antennes ; on disait qu'il y en avait environ cinquante mille. À leur aile droite, on avait posté les *aéroconopes* [moustiques aériens], également au nombre de cinquante mille environ, tous archers montés sur de grands moustiques. À leur suite, les *aérocordaces* [danseurs aériens], fantassins légers – ce qui ne les empêchait pas d'être fort combatifs. Ils lançaient à distance avec leur fronde d'énormes raiforts et, quand on était touché, on ne pouvait résister ne serait-ce qu'un court instant et l'on mourait à cause de la mauvaise odeur qui émanait de la blessure. On disait qu'ils enduisaient leurs projectiles de suc de mauve empoisonné. À leurs côtés étaient postés les *kaulomycètes* [champignons-tiges], hoplites pratiquant le corps à corps, au nombre de dix mille. On les appelait *kaulomycètes* parce qu'ils utilisaient des boucliers faits de champignons et des lances en tiges d'asperges. Auprès d'eux se tenaient les *kynobalanes* [glands-chiens], envoyés à Phaéton par les habitants de Sirius, cinq mille hommes à face de chien combattant sur des glands ailés. L'on disait que parmi ses alliés aussi il y avait du retard de la part des frondeurs qu'il faisait venir de la Voie lactée et des *néphélocentaures* [Centaures des nuages]. Ceux-ci du moins arrivèrent quand le combat était déjà décidé – et ils auraient bien dû ne jamais arriver ! Quant aux frondeurs, ils ne firent absolument pas acte de présence et c'est pourquoi dans la suite, dit-on, Phaéton, furieux contre eux, incendia leur pays.

Histoires vraies, I, 13 et 16

HOMÈRE
VIII° s. av. J.-C.

VIRGILE
I° s. av. J.-C.

CLAUDIEN
V° s. ap. J.-C.

Mésomède

*Le volume XIV de l'*Anthologie palatine *contient divers jeux récréatifs, devinettes, jeux d'esprit, problèmes arithmétiques et oracles. Le texte suivant, attribué à un affranchi crétois d'Hadrien, Mésomède, se rattache à la tradition épigrammatique et constitue une énigme à sujet mythologique. La résolution en est aisée, mais, par l'effet d'une inversion recherchée, la réponse renvoie à celle qui habituellement pose les questions !*

DEVINETTE

Fille qui rampe, vole et marche,
lionne qui laisse en courant
une piste aux formes hybrides…
Une femme ailée par-devant ;
au centre un fauve frémissant ;
à l'arrière un serpent lové.
Elle s'en va, femme ou reptile,
fauve, oiseau ? Non, rien d'achevé.
C'est une fille… Où sont les pieds ?
Un fauve grondant ?… Mais la tête ?
Ah ! quel mélange hétéroclite
et parfait d'êtres imparfaits !

Anthologie palatine, XIV, 63

LES SONGES DE LA RAISON

Les monstres de la mythologie apparaissent volontiers comme l'incarnation des divagations de l'esprit : fabuleux, voire fantasques, ils relèvent de l'*adunaton* (l'impossible) et symbolisent les excentricités du mythe, dans ce qu'elles ont d'invraisemblable. L'on ne s'étonnera donc pas de découvrir que les monstres, en tant que créations de l'esprit humain, sont parfois présentés comme des emblèmes de la fiction poétique. Chez Ovide, ils endossent clairement le rôle de paradigmes de l'imagination créatrice. Tant il est vrai que la morphologie composite des hybrides appelle spontanément la comparaison avec le processus même de la création artistique, qui procède par juxtaposition, adjonction ou combinaison d'éléments hérités d'une tradition. Ces extravagances de l'imagination passent au crible de l'analyse logique des philosophes, qui débattent sur la nature des représentations mentales : les êtres immatériels que sont les monstres sont-ils les formes dérivées d'une imitation de la réalité ou une fabrication de faux ? Le produit d'une névrose ou d'une perception altérée ? Qu'est-ce qu'une image mentale ?

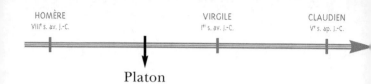

HOMÈRE
VIIIe s. av. J.-C.

VIRGILE
Ier s. av. J.-C.

CLAUDIEN
Ve s. ap. J.-C.

Platon

La légende de l'enlèvement d'Orithye par Borée est aussi peu crédible que les monstres de la mythologie, comme ces Gorgones et hippocentaures, qui relèvent du fabuleux.

PURE AFFABULATION !

PHÈDRE. – Mais par Zeus dis-moi, Socrate : tu crois, toi, que cette fable est vraie ?

SOCRATE. – Si j'en doutais, comme les savants, je ne ferais rien d'original. Et je donnerais aussitôt une belle explication scientifique : je dirais qu'un vent boréal l'a fait tomber au bas des rochers voisins tandis qu'elle jouait avec Pharmacée ; qu'elle est morte ainsi, et que la légende est née de son enlèvement par Borée. Pour ma part, mon cher Phèdre, j'estime qu'en général les explications de cet ordre ont de l'agrément, mais il y faut trop de talent, trop de travail, et l'on y sacrifie son bonheur, pour cette simple cause qu'on est ensuite obligé de rectifier l'image des hippocentaures, et puis celle de la Chimère – sans compter le flot des créatures de ce genre, les Gorgones, les pégases, et toute la multitude des monstres aux formes extravagantes. Si l'on est sceptique et si l'on réduit chacun de ces êtres à la mesure du vraisemblable, la pratique de cette science un peu grossière demandera beaucoup de temps. Moi, je n'ai pas de temps à donner à ces choses-là et en voici la raison, mon ami : je ne suis pas encore capable, comme le veut l'inscription de Delphes, de me connaître moi-même ; je trouve donc ridicule, quand je suis encore dans l'ignorance sur ce point, d'examiner ce qui m'est étranger. Aussi, je laisse de côté ces fables, je m'en rapporte là-dessus à la tradition, et comme je le disais à l'instant ce n'est pas elles que j'examine, c'est moi-même : suis-je un animal plus complexe et plus fumant d'orgueil que Typhon ? suis-je une créature plus paisible et plus simple, qui participe naturellement à une destinée divine et reste étrangère à ces fumées ?

Phèdre, 229e

HOMÈRE
VIIIe s. av. J.-C.

VIRGILE
Ier s. av. J.-C.

CLAUDIEN
Ve s. ap. J.-C.

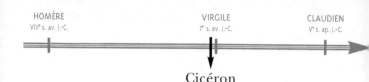

Cicéron

Comment se fait-il que l'on puisse se représenter des choses qui n'existent pas, comme Scylla, la Chimère ou l'hippocentaure ? Cicéron se livre à une réflexion sur la nature de l'image et des représentations mentales. Il répond ici à la théorie épicurienne des simulacra, *qui explique les images par la rencontre fortuite des atomes et par l'agglomération de ces particules infiniment petites. Pour Cicéron, le monstre dont on conçoit une représentation mentale, alors qu'il n'existe pas, est la preuve des impasses de cette théorie, dont l'initiateur serait Démocrite. Pointe de façon sous-jacente le grand débat esthétique qui opposera dans l'art et plus généralement dans la création, les partisans de la* mimesis, *dont l'idéal est la stricte et parfaite imitation du réel, à ceux de la* phantasia, *qui intègrent les fantaisies de l'imagination. En invoquant chimères et hippocentaures, Cicéron choisit, pour écarter la thèse de ses adversaires, des créatures dont l'inexistence lui paraît irréfutable.*

SIMULACRES MENTAUX

Si les dieux n'existent que dans la pensée, s'ils n'ont aucune consistance, aucun relief, quelle différence y a-t-il à évoquer par la pensée un hippocentaure ou un dieu ? Tous les autres philosophes appellent vaine impulsion toute représentation mentale de cette nature, mais vous dites, vous, que c'est l'arrivée et l'entrée d'images dans notre esprit. Ainsi, par exemple, quand je crois voir Tibérius Gracchus en train de prononcer une harangue au Capitole, alors qu'il fait procéder au vote sur l'affaire de Marcus Octavius, je dis qu'il s'agit alors d'une vaine impulsion de l'esprit mais, pour toi, ce sont les images de Gracchus et d'Octavius qui subsistent et se présentent à mon esprit quand j'arrive au Capitole. Il se produit la même chose, dites-vous, quand il s'agit de dieux, dont l'apparence extérieure frappe souvent l'esprit et nous fait comprendre qu'ils sont bienheureux et éternels. Suppose qu'il y ait des images venant frapper les esprits : c'est seulement une certaine forme qui se présente. Pourquoi serait-elle par surcroît heureuse et éternelle ?

Mais que sont ces images dont vous parlez, et d'où viennent-elles ? C'est de Démocrite que vient cette théorie fantaisiste, mais lui-même a été beaucoup critiqué, et vous non plus, vous ne vous en sortez pas : tout le système est chancelant et boiteux. Qu'y a-t-il de moins probable que le fait que des images de tous et de n'importe qui se présentent à moi, celles d'Homère, d'Archiloque, de Romulus, de Numa, de Pythagore, de Platon – sans avoir d'ailleurs la forme qu'ils avaient de leur vivant. Comment donc se présentent-ils et de qui sont ces images ? Aristote nous apprend que le poète Orphée n'a jamais existé, et le poème orphique que nous connaissons est, selon les pythagoriciens, l'œuvre d'un certain Cercops. Pourtant Orphée, c'est-à-dire selon vous son image, se présente souvent à mon esprit. Comment expliquer que du même homme nous ayons, toi et moi, des images différentes ? que nous en ayons d'êtres qui n'ont absolument jamais existé ni pu exister, comme Scylla, comme la Chimère ? ou de personnages, de lieux, de villes que nous n'avons jamais vus ? Comment expliquer qu'une image soit à ma disposition dès qu'il m'en prend fantaisie ? ou qu'elles viennent sans que je les aie appelées pendant que je dors ? Toute votre théorie, Velléius, est une improvisation sans conséquence.

De la nature des dieux, I, 38, 105-108

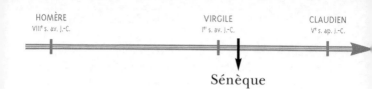

HOMÈRE
VIII° s. av. J.-C.

VIRGILE
I° s. av. J.-C.

CLAUDIEN
V° s. ap. J.-C.

Sénèque

Sénèque aborde l'imaginaire sous un angle ontologique en rappelant la division platonicienne des six genres d'êtres. Centaures et géants illustrent la catégorie des représentations imaginaires, qui renvoient au non-être absolu.

ÊTRE ET NON-ÊTRE

Le premier genre, dans l'opinion de certains stoïciens, c'est *quid*, « quelque chose ». Voici sur quoi ils fondent leur opinion : « Dans la nature, disent-ils, il y a des choses qui sont, des choses qui ne sont pas. Or la nature embrasse les choses mêmes qui ne sont pas : visions de l'esprit, comme les Centaures, les géants ; produits de faux concepts, affectant déjà forme d'image, et cependant dépourvus de substance. »

Je reviens à la question que je t'ai promise : comment Platon distingue six degrés dans la totalité des êtres. Le premier élément qui a été dénommé « ce qui est » ne peut être saisi ni par la vue, ni par le toucher, ni par aucun sens : il n'est que concevable. Ce qui *est* d'une manière générale (le genre homme par exemple) échappe au regard, mais le regard distingue la forme spéciale, l'individu : Cicéron, Caton. Le genre animal ne se voit point : il se conçoit. D'autre part on voit les espèces du genre : un cheval, un chien. Au deuxième degré, dans l'ordre des êtres, Platon place l'être supérieur et dominateur, celui qu'il appelle l'être par excellence. On dit communément : un poète ; c'est le nom de quiconque compose des vers. Le voilà passé chez les Grecs en attribut distinctif d'un homme entre tous. On comprend : Homère, quand on entend dire : le Poète. Eh bien ! qui est cet être ? Évidemment Dieu, plus grand, plus puissant que tous les êtres ensemble. Le troisième genre est celui des êtres qui possèdent une existence propre. Innombrables, ils sont établis hors du champ de notre regard. Qui sont-ils ? Tu le demandes ? C'est la batterie d'ustensiles dont se sert Platon. Il dénomme « idées » ce qui est à l'origine de toutes les choses que nous voyons, ce sur quoi tout absolument se façonne. Elles sont immortelles, immuables, inviolables.

Lettres à Lucilius, 58, 15-19

MÉTAMORPHOSES

La métamorphose constitue un exemple limite du monstrueux. Saisie dans l'instant éphémère d'une dynamique, elle n'est qu'un point de passage d'une forme à une autre et donne à voir un monstrueux transitoire : les corps croissent, se déforment, s'allongent, dépérissent. Elle suggère ainsi la possibilité et la menace d'un glissement du normal vers l'anormal avant l'achèvement du processus qui conduit en général à une nouvelle norme.

Telle est la perspective du romancier Apulée, qui conte la métamorphose temporaire de son héros en âne, le temps de son initiation, jusqu'à son retour à la forme humaine, après bien des pérégrinations et des épreuves. Le passage par la condition bestiale a été pour le héros l'occasion d'un cheminement intérieur et même spirituel, mais l'instant de la transformation est vécu comme un arrachement à la condition humaine.

Différent est le projet d'Ovide, qui choisit de dépeindre, dans son extraordinaire épopée de la métamorphose, mille et une transformations merveilleuses mais définitives pour ceux qui en sont l'objet : nymphe en laurier, jeune homme en narcisse, femme en rocher, chasseur en cerf. Le poète s'attarde à chaque fois avec force détails sur la transformation progressive des corps, figeant le temps dans un présent surnaturel dont il étire artificiellement la durée par le pouvoir de l'écriture. Le monstre, cet hybride mi-femme mi-végétal ou mi-homme mi-animal, est encore ici une création de l'imaginaire humain. La métamorphose s'avère un moment de tension ultime, mais aussi un point de résolution du monstrueux, précisément appelé à disparaître dans une autre forme, tandis que reste fixée dans l'esprit du lecteur l'image inoubliable des pouvoirs de la fiction.

HOMÈRE
VIIIe s. av. J.-C.

VIRGILE
Ier s. av. J.-C.

CLAUDIEN
Ve s. ap. J.-C.

Apulée

Le jeune corinthien Lucius, passionné de magie, s'est rendu en Thessalie, terre légendaire de la sorcellerie et des enchantements, où il escompte satisfaire ses curiosités. Avec l'aide d'une servante, Photis, dont il est devenu l'amant, il entreprend de se métamorphoser en oiseau, en l'absence de son hôtesse, Pamphile, adepte de la magie noire. Mais l'onguent volé par Photis n'est pas le bon. Devenu âne (la métamorphose est souvent une métaphore), l'apprenti sorcier part à l'école de la vie.

L'HOMME AUX LONGUES OREILLES

Tout en renouvelant ces assurances, elle se glisse dans la chambre, palpitante d'émoi, et tire une boîte du coffret. Je saisis la boîte et la baise, je la requiers de m'accorder la faveur d'un vol heureux ; puis, ôtant à la hâte tous mes vêtements, j'y plonge avidement les mains, puise une bonne dose d'onguent, en frotte toutes les parties de mon corps. Et déjà je faisais l'oiseau, m'essayant à balancer alternativement mes bras ; de duvet, cependant, et de plumes, pas trace ; mais mes poils, oui, s'épaississent en crins, ma peau tendre durcit comme cuir ; à l'extrémité de mes mains, le compte se perd de mes doigts, tous ramassés en un unique sabot, et du bas de mon échine sort une longue queue. Me voici maintenant avec une face monstrueuse, une bouche qui s'allonge, des narines béantes, des lèvres pendantes ; mes oreilles, à leur tour, grandissent démesurément et se hérissent de poils. Désastreuse métamorphose, et qui m'offrait pour toute consolation, empêché que j'étais désormais de tenir Photis entre mes bras, le développement de mes avantages naturels. Dépourvu de tout moyen de salut, je considérais mon corps sous tous ses aspects, et, n'apercevant en fait d'oiseau qu'un âne, je maudissais la conduite de Photis ; mais, n'ayant plus de l'homme ni la voix ni le geste, j'étais réduit, ne pouvant faire plus, à la regarder de côté, la lippe tombante, les yeux humides, et à lui adresser des reproches muets.

Les Métamorphoses, III, 24-25

HOMÈRE
VIIIe s. av. J.-C.

VIRGILE
Ier s. av. J.-C.

CLAUDIEN
Ve s. ap. J.-C.

Ovide

Ovide conte la métamorphose conjuguée de Cadmus et d'Harmonie en serpents en s'attardant longuement sur le spectacle de la merveilleuse transformation des deux époux. En déroulant les différentes étapes du processus, il traduit sa fascination pour le devenir et l'éphémère, tout en infléchissant son inspiration poétique vers un registre qui annonce le fantastique.

LA MÉTAMORPHOSE
DE CADMUS ET D'HARMONIE

À ces mots, comme un serpent, il se tend et ses flancs s'allongent ; il voit sur sa peau durcie pousser des écailles et sur son corps devenu noir apparaître çà et là des taches bleuâtres ; il tombe sur la poitrine, la tête en avant ; ses jambes réunies l'une à l'autre s'amincissent peu à peu sous la forme d'une pointe arrondie. Il lui reste des bras ; il tend devant lui ces bras qui lui restent et, arrosant de larmes son visage, qui est encore celui d'un homme : « Approche, ô mon épouse, approche, infortunée, dit-il ; tandis qu'il subsiste quelque chose de moi, touche-moi, prends cette main, tandis que j'ai une main et que tout mon être n'est pas envahi par le serpent. » Il veut en dire davantage, mais tout à coup sa langue se fend en deux parties, la parole n'obéit plus à sa volonté ; chaque fois qu'il se prépare à faire entendre quelque plainte, il siffle ; c'est la seule voix que lui ait laissée la nature. Frappant sa poitrine nue, son épouse s'écrie : « Cadmus, demeure ; malheureux, dépouille cette forme monstrueuse. Cadmus, qu'est-ce donc ? Où sont tes pieds ? Où sont tes épaules et tes mains, ton teint, ta figure et, tandis que je parle, tout le reste ? Pourquoi, dieux du ciel, ne me changez-vous pas, moi aussi, en serpent ? » Elle avait dit ; Cadmus léchait le visage de son épouse, il s'approchait de son sein chéri, et, comme s'il la reconnaissait, lui donnait des baisers et cherchait comme auparavant à se suspendre à son cou. Tous les assistants (car les compagnons de Cadmus étaient là) sont saisis d'épouvante ; mais elle, elle caresse le cou glissant du dragon couronné d'une crête ; puis, tout à coup, ce sont deux serpents qui rampent en rapprochant l'un de l'autre leurs replis, jusqu'au moment où ils vont se cacher dans les profondeurs de la forêt voisine.

Les Métamorphoses, IV, 576-601

LES AUTEURS DU « SIGNET »[1]

Anthologie grecque

L'ouvrage est un immense recueil d'épigrammes composé à l'époque byzantine par la réunion de recueils antérieurs (*La Couronne* de Méléagre, l'*Anthologie palatine* et l'*Anthologie* de Planude). Par conséquent, rien n'est si varié que cette collection de poèmes à l'histoire rocambolesque et dont la lecture, en raison de son contenu licencieux, fut longtemps réservée à de rares initiés. Les thèmes évoqués, les dates de rédaction (entre le VIIe siècle av. J.-C. et le Xe siècle ap. J.-C.) et les formes employées sont multiples et difficiles à établir, notamment en raison de l'habitude qu'avaient les compilateurs d'ajouter des vers de leur cru à ceux qu'ils rassemblaient. L'épigramme citée dans cet ouvrage et tirée du volume XIV est signée de Mésomède, un poète lyrique originaire de Crète du IIe siècle après J.-C., affranchi et ami d'Hadrien. Nous possédons des hymnes à son nom encore accompagnés d'une partition musicale.

Apollonios de Rhodes (IIIe siècle av. J.-C.)

Né à Alexandrie vers 295 avant J.-C., Apollonios fut le précepteur de Ptolémée III Évergète avant de devenir, comme Callimaque, directeur de la bibliothèque d'Alexandrie. Pour des raisons qui nous sont inconnues, il s'exile à Rhodes, ajoutant à son nom celui de la ville

---

1. Certaines de ces notices sont librement inspirées du *Guide de poche des auteurs grecs et latins*, par P.-E. Dauzat, M.-L. Desclos, S. Milanezi et J.-F. Pradeau, Paris, Les Belles Lettres, 2002 ; d'autres sont issues des précédents «Signets». Les noms des auteurs de langue grecque sont en caractères droits et ceux des auteurs de langue latine en italique. Beaucoup de dates, inévitablement, sont indicatives.

qui l'avait accueilli. C'est dans cette cité qu'il finit ses jours. Grand érudit, Apollonios a écrit des poèmes historiques sur la fondation des cités et des œuvres à caractère philologique, même si son œuvre principale demeure les *Argonautiques*. Dans ce poème épique, Apollonios raconte les exploits des Argonautes, leurs voyages, la rencontre de leur chef Jason avec Médée la magicienne ainsi que la conquête de la toison d'or.

Apulée de Madaure (*c.* 125-170 ap. J.-C.)

Né à Madaure, non loin de l'actuelle Constantine, Apulée fait des études d'avocat et, comme tout bon lettré, se rend à Rome et à Athènes où non seulement il apprend le grec mais se fait initier à la philosophie et aux mystères. De retour dans son pays, il mène une vie publique de rhéteur et de conférencier. Il est également choisi comme prêtre du culte impérial. Il nous a laissé un roman plein de verve, *Les Métamorphoses ou l'Âne d'or*, qui relate les mémoires de Lucius de Corinthe, métamorphosé par mégarde en âne. Accusé de sorcellerie par sa belle-famille (il avait épousé une riche veuve…), Apulée écrivit une *Apologie* où il se défendit contre les imputations dont il faisait l'objet, manifestant alors les ressources d'une intelligence brillante et d'une éloquence talentueuse. On lui connaît aussi des traités philosophiques, notamment un opuscule sur le démon de Socrate.

Aristophane (445-386 av. J.-C.)

Aristophane fut le plus grand poète comique d'Athènes. Issue du dème de Kydathénée, sa famille aurait possédé des terres à Égine. Sous un nom d'emprunt, il débuta au théâtre de Dionysos en 427 avec *Les Babyloniens*. Son talent fut très rapidement reconnu et il obtint un premier prix en 425 avec *Les Acharniens*, puis l'année suivante avec *Les Cavaliers*. Ayant vécu pendant la guerre du Péloponnèse, il évoque dans ses comédies la cité en proie aux vicissitudes de la guerre et à la recherche de la paix *(Les Acharniens, La Paix, Lysistrata)*. Il attaque également la politique athénienne, dominée par des démagogues qu'il juge corrompus *(Les Cavaliers, Les Guêpes)*. Il excelle à tourner en dérision la vie athénienne, du pouvoir politique *(L'Assemblée des femmes, Les Oiseaux)* à l'éducation *(Les Nuées)* en passant par la littérature elle-même *(Les Grenouilles, Les Thesmophories)*. Enfin, sa dernière pièce, *Ploutos*, évoque la situation désastreuse d'Athènes ravagée et humiliée par la guerre. Son humour, acerbe et truculent, n'est jamais vain : par ses caricatures et ses jeux de mots, Aristophane a invité ses concitoyens et ses lecteurs autant à la distraction qu'à la réflexion.

Aristote (384-322 av. J.-C.)

Né à Stagire, ville grecque sous influence macédonienne, en Thrace, Aristote partit se former à Athènes et se fit le disciple de Platon à l'Académie, où il resta une vingtaine d'années (366-348). Après des séjours en Asie Mineure, il fut nommé précepteur d'Alexandre le Grand, puis revint à Athènes et y fonda sa propre école, le Lycée (335). Esprit encyclopédique, Aristote voyait dans la philosophie un savoir total et ordonné, couvrant la logique, les sciences de la nature, la métaphysique, la théorie de l'âme, la morale, la politique, la littérature. Ses œuvres publiées ont presque toutes disparu ; les textes que nous avons conservés (et qui sont nombreux) sont des ouvrages dits « ésotériques », c'est-à-dire qui n'étaient pas destinés à la publication et constituaient des sortes de notes et rédactions préparatoires en vue de la discussion et de l'enseignement à l'intérieur du Lycée ; ils furent édités tardivement, au Ier siècle avant J.-C. La postérité et l'influence d'Aristote furent immenses.

Callimaque (*c.* 305-*c.* 240 av. J.-C.)

Né à Cyrène (actuelle Libye), Callimaque s'installa à Alexandrie et devint, sous le règne de Ptolémée II Philadelphe, le bibliothécaire de la fameuse bibliothèque d'Alexandrie. Il est à l'origine des *Pinakes,* à la fois catalogue (par auteur, titre et genre) et histoire de la littérature des œuvres disponibles à Alexandrie. D'une prolixité étonnante, Callimaque aurait écrit plus de huit cents œuvres, dans le style précieux et érudit qui était celui de son époque. Seule sa poésie nous est parvenue : les références mythologiques y abondent, comme dans les *Aitiai,* récits des origines mythiques de certains cultes, ou dans les *Hymnes,* influencés par les *Hymnes homériques.* Nous connaissons aussi de lui des *Iambes,* un éloge, *La Boucle de Bérénice* et un court poème épique, *Hécalé.* Callimaque est sans nul doute l'un des plus grands poètes de l'époque hellénistique.

Cicéron (106-43 av. J.-C.)

L'existence du plus fameux des écrivains romains déborde de rebondissements, car cet avocat brillant fut de tous les combats, tant judiciaires que politiques ou philosophiques. Né à Arpinum, dans un municipe éloigné d'une centaine de kilomètres de Rome, Cicéron voit le jour dans une famille aisée de notables. Toutefois, comme Caton l'Ancien, qu'il admire, Cicéron est un « homme nouveau » *(homo nouus)* : il est le premier de sa lignée à parcourir la carrière des honneurs jusqu'à son degré le plus élevé, le consulat, qu'il exerce en 63. C'est lors de ce consulat qu'il dénonce, dans ses *Catilinaires,* une conspiration qui menaçait la République, en employant la formule fameuse « Ô temps, ô mœurs ! » *(O tempora, o mores).* À la suite des manœuvres de son ennemi juré, le tribun Clodius, il est exilé pendant un an (58-57) pour avoir fait mettre à mort Catilina sans jugement. Malgré le bon accueil qui lui est fait à son retour, son rôle politique ne cesse de décliner dans les années suivantes. Cicéron, l'un des plus fervents défenseurs du régime républicain, finit par rallier le camp de Pompée contre César, juste avant que ce dernier l'emporte définitivement. À la mort du dictateur, l'orateur prend le parti de son petit-neveu, Octave, le futur Auguste, pensant pouvoir influencer ce jeune homme de dix-neuf ans. Il le sert en rédigeant les *Philippiques*, dirigées contre Marc Antoine, lequel lui voue dès lors une haine inexpiable. Antoine réclame à Octave la mort de l'orateur dès leur première réconciliation. Abandonné par Octave, Cicéron est assassiné par des émissaires d'Antoine ; sa tête et ses mains seront clouées à la tribune du forum. L'œuvre de Cicéron, très étendue, comprend une riche correspondance, environ cent quarante discours judiciaires ou politiques et de multiples traités de rhétorique et de philosophie ; elle a joué un rôle déterminant dans la tradition culturelle de l'Occident jusqu'à nos jours.

Ctésias de Cnide (fin du Ve siècle-début du IVe siècle av. J.-C.)

Ctésias, médecin grec contemporain d'Hippocrate, vécut à la cour perse au temps des luttes fratricides opposant Cyrus à Artaxerxès. Il mit ses talents au service de la famille royale, non seulement comme médecin, mais aussi comme diplomate, avant de quitter la cour, aux environs de 398 avant J.-C., dans des circonstances mystérieuses. Ce n'est qu'à son retour en Grèce qu'il composa les *Persica*, vaste fresque en vingt-trois livres relatant l'histoire de l'Assyrie et de la Perse depuis le roi Ninos, fondateur de l'empire assyrien, jusqu'à Artaxerxès, que Ctésias côtoya personnellement. Les *Indica*, récits ethnographiques, décrivent l'Inde, monde des confins où l'humain et l'inhumain, le monstrueux et le merveilleux voisinent et se mêlent.

Diodore de Sicile (Ier siècle av. J.-C.)

Né à Agyrion en Sicile, Diodore voyagea beaucoup et vécut à Rome, sans doute sous César et Auguste. Grand érudit, il est l'auteur de la *Bibliothèque historique*, ensemble de quarante livres visant à relater l'histoire universelle, depuis les temps mythiques jusqu'à la guerre des Gaules (54 av. J.-C.). Les livres I à V et XI à XXII, ainsi que des extraits et des résumés, ont été conservés. L'œuvre de Diodore est précieuse par son information, sa méthode et sa largeur de vue, qui embrasse la mythologie, le monde grec, Rome et les barbares.

Élien (*c.* 175-235 ap. J.-C.)

Claude Élien, affranchi originaire de Préneste, près de Rome, se vantait de n'être jamais sorti d'Italie, mais il écrivit son œuvre en grec. Élève de sophistes et sophiste réputé lui-même, il préféra une vie retirée et tranquille au prestige d'une carrière d'orateur et à la turbulente cour impériale des Sévères. Son ouvrage le plus fameux, l'*Histoire variée*, se présente comme un recueil d'anecdotes, d'aphorismes, de notices et de faits étonnants concernant le passé classique de la Grèce et d'autres contrées. Il composa également un ouvrage *Sur les caractéristiques des animaux*, des *Lettres* et deux traités sur la providence divine. L'œuvre d'Élien témoigne d'un goût de l'époque pour la *poikilia* (« variété ») ainsi que de l'infatigable curiosité de son auteur.

Eschyle (525-456 av. J.-C.)

Né à Éleusis dans une famille d'*eupatrides*, Eschyle a vu la chute de la tyrannie et la mise en place des réformes de Clisthène qui devaient conduire Athènes à la démocratie. Il aurait en outre participé, contre les Perses, aux batailles de Marathon et de Salamine. Il est pour nous le premier des grands tragiques. Reconnu de son vivant, il bouleverse les règles du théâtre en introduisant un deuxième acteur sur scène. Ses pièces ont une forte valeur morale, dans un style grandiose et imagé. Sur les soixante-treize œuvres qu'il aurait écrites, sept nous sont parvenues. Parmi elles se trouve la seule trilogie dont nous disposons, l'*Orestie*, qui relate l'assassinat d'Agamemnon à son retour de Troie, puis celui de Clytemnestre par son fils, et, enfin, le procès d'Oreste. De lui nous possédons encore *Prométhée enchaîné*, *Les Sept contre Thèbes*, *Les Suppliantes* et *Les Perses*.

Euripide (485-406 av. J.-C.)

Né à Salamine, Euripide semble n'avoir guère participé à la vie politique d'Athènes. De son vivant, il connut une réussite moins éclatante qu'Eschyle ou Sophocle et le premier prix lui fut souvent refusé. Son succès a été plus grand auprès de la postérité. Génie du théâtre, Euripide maîtrise les ressorts dramatiques aussi bien que les idées. Nourries de philosophie, de sophistique et de rhétorique, sa pensée et sa langue sont hardies. Il excelle dans la peinture des sentiments, dans les débats sur le vif et dans le recours au *deux ex machina* (intervention impromptue d'un dieu pour conclure une intrigue). Des quatre-vingt-douze pièces qu'il aurait écrites, dix-huit nous sont parvenues, qui retracent des épisodes mythologiques et sont souvent centrées sur des personnages féminins comme Médée, Andromaque ou Iphigénie.

Héraclite (Ier siècle ap. J.-C.)

Cet écrivain dont nous savons peu de chose représente le courant de la critique allégorique. Il est l'auteur d'un répertoire d'interprétations allégoriques (les *Allégories d'Homère*) visant à défendre Homère contre les attaques des philosophes qui l'accusent d'impiété et dénoncent l'invraisemblance de ses récits. Il montre que le sens littéral des poèmes doit être dépassé au profit d'un sens figuré, que le poète se sert d'un discours simple pour dire à travers lui « autre chose ». Les mythes sont relus à la lumière d'une exégèse physique, morale ou historique. Ainsi, le breuvage de Circé est la coupe du plaisir, Éole figure l'année et ses enfants les douze mois, le mythe de Protée symbolise le passage du chaos au cosmos, les flèches d'Apollon sont les rayons du soleil, les Dieux sont des éléments ou des abstractions. L'ouvrage, varié, qui comporte 79 chapitres, mêle librement la physique, la cosmogonie, la morale, l'astronomie, l'histoire, la théologie. Selon Héraclite, Platon avait de très mauvaises raisons de vouloir chasser Homère de sa République !

Hérodote (480-420 av. J.-C.)

Né en 480 avant J.-C. à Halicarnasse, ville dorienne du territoire d'Ionie, en Asie Mineure, celui que Cicéron tenait pour « le père de l'histoire » voyagea beaucoup, d'Athènes, où il séjourna, en Égypte, à Tyr et en Scythie. Il ne vit pourtant pas toutes les contrées qui sont décrites dans ses *Histoires*, vaste « enquête » (c'est le sens de *historié* en grec) dont le premier but est de rapporter les tenants et aboutissants des guerres médiques. Friand d'anecdotes, Hérodote est célèbre pour ses digressions, si bien que les *Histoires* débordent largement le projet annoncé : la Lydie, l'Égypte, la Scythie et la Libye, autant de contrées visitées, pour le plus grand plaisir du lecteur. L'œuvre fut, à la période alexandrine, divisée en neuf livres, nommés selon les Muses. Les quatre premiers rapportent la formation de l'empire perse et les cinq derniers les guerres médiques. « Roi des menteurs » pour certains, « père de l'histoire » pour d'autres, Hérodote nous éclaire cependant sur les rapports entre les Grecs et les barbares et fournit nombre de renseignements ethnologiques, géographiques et anthropologiques aussi précieux qu'amusants.

Hésiode (*c.* 700 av. J.-C.)

Tout ce que nous connaissons de ce poète, nous le trouvons dans ses œuvres, la *Théogonie* et *Les Travaux et les Jours*. De condition modeste, Hésiode, poète et paysan, nous raconte qu'il tient son savoir des Muses, qui lui seraient apparues au sommet de l'Hélicon alors qu'il faisait paître ses bêtes. Dans la *Théogonie*, il évoque les origines du monde (la cosmogonie) et la naissance des dieux (la théogonie), jusqu'à l'avènement de Zeus et la victoire sur le chaos initial ; puis le poète définit la place et le rôle des hommes par rapport aux dieux. Postérieur à Homère et contemporain de la naissance de la cité-État, Hésiode propose une synthèse de la pensée religieuse des Grecs. Dans *Les Travaux et les Jours*, il donne des conseils pratiques à ses contemporains, et notamment à son frère, Persès. Sa poésie est didactique : elle délivre un enseignement. Dans cet enseignement, les mythes sont centraux : c'est dans ce poème que se trouvent le mythe des races et celui de Pandore. Bien que sa renommée ait été éclipsée par celle d'Homère, son œuvre constitue la source la plus belle et la plus complète de la mythologie grecque. Les Anciens lui attribuaient en outre *Le Bouclier,* dont l'authenticité a été mise en doute, et *Le Catalogue des femmes,* aujourd'hui perdu.

Hippocrate (*c.* 460-*c.* 377 av. J.-C.)

Hippocrate est né à Cos. Après des études auprès de Démocrite et de Gorgias, il sillonna la Grèce et l'Asie Mineure avant de s'établir dans sa ville natale. Père de l'observation clinique, il préconisait la simplicité des traitements et considérait qu'il fallait surtout laisser faire la nature. Il pratiqua aussi la chirurgie et y excella. Le *Corpus hippocratique* rassemble une soixantaine de traités qui ne sont pas tous de lui mais témoignent de l'existence autour de lui d'un véritable courant de pensée. On connaît ses célèbres *Aphorismes,* mais l'un des traités les plus novateurs est celui qui s'intitule *Des airs, des eaux et des lieux,* où est exposée la théorie des humeurs et des climats.

Homère (VIIIᵉ siècle av. J.-C. ?)

Ce n'est pas le moindre des paradoxes que le plus célèbre poète de l'Antiquité est aussi l'un des moins connus. Homère a-t-il seulement existé ? Étaient-ils plusieurs ? Le nom désigne-t-il une école d'aèdes ? Nul ne sait. « L'affaire Homère » a fait couler beaucoup d'encre, et, aujourd'hui encore, les érudits multiplient les hypothèses. L'obscurité s'est faite dès l'Antiquité, en partie à cause de la célébrité de l'auteur : nombre de « vies », fictives, ont circulé, tant et si bien que, s'il y a un Homère, c'est celui que la tradition a forgé. Celui-ci vécut en Ionie, au VIIIᵉ siècle avant J.-C., et a composé l'*Iliade* et l'*Odyssée,* immenses épopées comptant respectivement près de 16 000 et plus de 12 000 vers. Louées dès l'Antiquité, ces deux œuvres sont fondatrices de la culture occidentale. Chantées par les aèdes dans les cours aristocratiques, elles sont les premières œuvres de notre patrimoine qui nous sont parvenues intactes. L'*Iliade*, poème de la gloire et de la guerre, relate la colère d'Achille qui, pour ne pas manquer à l'idéal héroïque, fait le sacrifice de sa vie. Récit de voyage et conte merveilleux, l'*Odyssée* chante les errances d'Ulysse jusqu'à son retour à Ithaque. Les deux textes s'intègrent aux légendes issues de la guerre de Troie. À la suite de l'enlèvement d'Hélène, la femme du roi de Sparte Ménélas, les chefs grecs partent à la conquête de Troie. Gouvernée par Priam, Troie est une riche cité d'Asie Mineure (en actuelle Turquie) où ont trouvé refuge Hélène et Pâris, le prince troyen qui a ravi la jeune femme. Les combats font rage pendant dix ans, tant de part et d'autre les héros sont vaillants. Parmi les Troyens, Hector et Énée sont les plus valeureux, tandis que, côté achéen, Achille, Ajax et Diomède sont les meilleurs guerriers, auxquels il faut ajouter Ulysse le rusé. Les dieux prennent aussi part à la guerre en favorisant leurs champions, quand ils ne vont pas eux-mêmes sur le champ de bataille. Hector puis Achille meurent au combat, si bien que l'issue de la guerre est, jusqu'aux derniers moments, incertaine. C'est alors qu'Ulysse imagine un stratagème appelé à devenir fameux : les troupes grecques font mine de partir. Il ne reste sur la plage qu'un gigantesque et mystérieux cheval de bois. Les Troyens y voient un présent des dieux et l'introduisent dans leurs murs. Les Achéens, dissimulés dans le cheval, sortent de leur cachette. Troie est dévastée : seuls Énée et quelques hommes parviennent à fuir la cité en flammes. Les chefs achéens reprennent la mer, leurs navires chargés de l'or de Troie et des princesses captives.

Horace (65-8 av. J.-C.)

Né à Venouse, dans le sud de l'Italie, Horace était probablement le fils d'un ancien esclave public affranchi. Il commença par séjourner à Rome, avant de poursuivre sa formation à Athènes. Après la période troublée des guerres civiles, où il eut le malheur de prendre sans gloire le parti des assassins de César, il rentra en Italie, et ce fut son talent qui le sauva. Remarqué par Mécène, le ministre d'Auguste, il fut admis parmi ses amis. Peu attiré par l'agitation citadine, il préféra partager son temps entre Rome et la villa de Sabine, en Italie centrale, que lui avait offerte son protecteur. Le chantre épicurien du *Carpe diem* (« Mets à profit le jour présent », car la vie est courte) est fameux pour ses *Satires,* poèmes variés et enjoués dans lesquels il critique les travers de ses contemporains. Nous possédons également de lui des œuvres lyriques, les *Odes* et *Épodes,* qui explorent ses thématiques favorites, comme l'amour, l'amitié, l'exigence morale aussi, et l'attention au destin de la cité. Enfin, ses *Épîtres* se concluent par la célèbre *Épître aux Pisons,* où Horace définit un art poétique qui servit longtemps de référence aux théoriciens de la littérature (par exemple à Boileau).

Hymnes homériques

Si ce recueil de trente-trois poèmes s'adressant à des dieux a été attribué à Homère dans l'Antiquité, les érudits n'ont guère tardé à contester son authenticité, si bien qu'aujourd'hui c'est en référence à leur forme que le titre est conservé : tous ces poèmes sont du genre épique, s'opposant en cela à d'autres types d'hymnes. Rien de plus divers cependant, tant du point de vue du style que de celui de la date, que ces poèmes. Si l'*Hymne à Apollon* remonte à la fin du VIIIe siècle avant J.-C., l'*Hymne à Arès* pourrait dater du IVe siècle après J.-C. Nombre de ces poèmes ont été récités lors des fêtes en l'honneur des dieux qu'ils célébraient.

Lucain (39-65 ap. J.-C.)

Neveu de Sénèque, Lucain ne reste qu'un an dans son Espagne natale avant d'être amené à Rome, où il est confié aux meilleurs professeurs puis introduit dans les

cercles du pouvoir et dans l'intimité de Néron. La
légende veut que ce génie littéraire se soit attiré la jalousie et la haine de Néron par ses succès poétiques.
L'empereur aurait cherché à l'empêcher de publier ses
œuvres, et en particulier son épopée, *La Guerre civile*, également appelée *La Pharsale*, consacrée à l'affrontement
entre Pompée et César. Son chef-d'œuvre, qui, par sa
taille, se place juste après l'*Énéide* virgilienne, relève
d'une tout autre esthétique. L'ouvrage, d'inspiration stoïcienne, qui ne redoute pas d'aborder des événements
récents, est marqué au coin du pessimisme et du déses-
poir. Le seul personnage qui suscite l'admiration de
Lucain, le sage stoïcien Caton le Jeune, le dernier républicain, se suicide à Utique. Le vers qui résume le destin
du sage pourrait prophétiser celui de Lucain : « La cause
du vainqueur plut aux dieux, mais celle du vaincu à
Caton » (I, 128). L'écrivain s'enrôle en effet dans la
conjuration de Pison, qui cherche à détrôner l'empereur-
tyran. Le complot échoue, et Lucain, âgé de vingt-six ans,
est condamné, comme son oncle, au suicide.

Lucien (*c.* 120-180 ap. J.-C.)

Né à Samosate en Syrie, Lucien est l'un des plus brillants esprits de l'Antiquité tardive. Formé à la culture
grecque, il étudie l'éloquence et la philosophie, et utilise
ses talents de plaideur en donnant des cours et des
conférences publiques en Asie Mineure, en Italie, en
Grèce et en Gaule. Mais c'est en Égypte qu'il s'établit et
mourut, vers 180 après J.-C. Son œuvre, vaste et variée
(les Anciens lui prêtent plus de quatre-vingt-six ouvrages), brille par sa vivacité et sa liberté. Homme de
parole, Lucien écrivit un grand nombre de discours,
comme le *Dialogue des dieux*, le *Dialogue des morts* ou le
Dialogue des courtisanes. L'humour est omniprésent,
notamment dans les *Histoires vraies*, parodie des romans
d'aventures. Iconoclaste et plein de verve, Lucien
excelle à tourner en dérision la vanité, l'ignorance, les
croyances et la superstition de ses contemporains. Bien

qu'ancrée dans son époque, son œuvre n'en est pas moins un remède intemporel à la mauvaise humeur.

Lucrèce (*c.* 95-50 av. J.-C.)

On ignore à peu près tout de l'auteur du poème *De la nature (De natura rerum)*. La légende, propagée par Jérôme, veut que Lucrèce, égaré par un philtre d'amour, ait composé ses vers dans les moments de lucidité que lui laissait sa folie. S'il n'y a guère de crédit à porter à cette histoire, force est de constater toutefois le manque navrant d'informations relatives au poète. La seule certitude est que Cicéron fut si admiratif de l'œuvre qu'il entreprit de l'éditer. Les six magnifiques livres qui la composent exposent en vers les préceptes du matérialisme inspiré de Démocrite et de l'épicurisme. Aucun préjugé ne résiste à la vigueur de la pensée de Lucrèce : le poète attaque tour à tour les croyances, la religion, les peurs, les superstitions et les mythes amoureux. L'ouvrage, dans une langue imagée et harmonieuse, développe une physique atomiste et une morale dans laquelle le poète fait l'éloge de son maître, le penseur grec Épicure.

Martial (38/41-*c.* 104 ap. J.-C.)

M. Valerius Martialis est né dans une famille aisée de Tarraconnaise sous le règne de Caligula. Il se rend à Rome, où il est bien accueilli par les autres Romains d'Espagne, Quintilien, Sénèque et Lucain. Mais ses relations lui portent préjudice lors de la conspiration de Pison à laquelle ses amis sont mêlés. Il parvient cependant à échapper à la répression. C'est pour subvenir à ses besoins que Martial, poète pauvre, tributaire de ses « patrons », s'essaie à la « poésie brève », l'épigramme, à l'occasion de l'inauguration du Colisée par Titus. Il y excelle. Cette poésie alimentaire lui vaut le succès et la reconnaissance : entre 85 et 96, il publie onze livres d'épigrammes, riches en flagornerie certes, mais aussi en traits d'esprit et en allusions grivoises où il alterne attaques, suppliques, railleries et louanges. Il termina sa vie dans l'ennui de la Tarraconaise qu'il souhaitait si ardemment revoir.

Ovide (43 av. J.-C.-*c.* 18 ap. J.-C.)

Le « clerc de Vénus », le « précepteur d'Amour » est le plus jeune des poètes augustéens. Pour n'avoir pas connu l'horreur des guerres civiles, il manifeste moins de reconnaissance et plus d'insolence que ses devanciers à l'encontre du restaurateur de la paix et nouveau maître de Rome, Auguste. Un premier poste de *triumvir* le détourne vite de la vie politique au profit d'une vie mondaine vouée à l'érotisme et à la poésie. Les joutes du forum l'ennuient, le cénacle de Messala l'exalte, même s'il n'entend pas limiter la diffusion de ses œuvres à ce cercle restreint. Pour des raisons qui nous demeurent obscures – Auguste invoquera l'immoralité de *L'Art d'aimer*, mais ce prétexte paraît peu convaincant –, Ovide est exilé à Tomes dans l'actuelle Roumanie, au bord de la mer Noire, où il meurt dans la désolation, abandonné de tous et de tout, sauf de ses livres. Son œuvre de virtuose, étourdissante de facilité et de beauté, s'étage sur trois périodes. Un premier ensemble regroupe les œuvres de jeunesse, dédiées à la célébration de l'amour : les *Héroïdes, Les Amours, L'Art d'aimer* et *Les Remèdes à l'amour*. Le poète s'engage ensuite dans une inspiration savante et mythologique avec *Les Fastes*, qui détaillent l'origine des fêtes du calendrier romain, et *Les Métamorphoses*, qui narrent les transformations légendaires des hommes en animaux et en plantes. La troisième période s'ouvre avec les recueils des *Tristes* et des *Pontiques*, où le poète fait entendre la douleur de l'exil et sa nostalgie de Rome dans les lettres qu'il adresse à ses proches, à ses amis et à l'empereur. Tendre, enjoué et incisif, Ovide est l'un des plus célèbres poètes latins. Maître de l'élégie romaine, il porte ce genre à un degré d'achèvement inégalé, depuis la frivolité des poèmes érotiques jusqu'aux larmes de l'exil. Ses *Métamorphoses*, dans lesquelles éclate un exceptionnel talent de conteur, constituent l'une de nos sources les plus complètes pour la mythologie gréco-romaine : elles étaient, pour leur auteur, la plus fidèle image de lui-même.

Philostrate (IIe siècle ap. J.-C.)

Sous le nom de Philostrate nous sont parvenus des ouvrages dont la datation et le style renvoient à des personnes différentes : la *Vie d'Apollonios de Tyane*, les *Vies des Sophistes*, l'*Héroïcos*, le *Gymnasticos*, et deux séries d'*Eikones*. La première série de ces *Eikones* (*La galerie de tableaux*, dont est cité un extrait dans ce volume) est attribuée à Philostrate l'Ancien, un rhéteur originaire de Lemnos, qui exerça ses talents à Athènes puis à Rome et fut un familier de l'Impératrice Julia Domna. L'ouvrage, témoignage de la critique d'art à l'époque impériale, se présente comme une succession de descriptions de panneaux peints, fictifs ou réels, qui ornaient le portique d'une maison napolitaine. L'auteur suit en cela la tradition du genre de l'*ekphrasis* (description d'un objet ou d'une œuvre d'art). Les descriptions sont assorties de commentaires, reflétant la culture étendue de l'observateur et destinés à forger le goût des jeunes gens qui l'accompagnent. Dans sa verve brillante, le discours du critique finit par rivaliser avec les chefs-d'œuvre commentés, car si les tableaux se voient convertis en objets littéraires, le critique n'en exalte pas moins le pouvoir de la parole et sa capacité à faire apparaître l'objet décrit en créant l'illusion de sa présence.

Pindare (518-438 av. J.-C.)

Né en Béotie dans une famille aristocratique, Pindare est le plus important représentant de la poésie lyrique grecque. Des dix-sept livres dans lesquels les Anciens avaient recueilli ses poèmes, quatre livres d'odes nous sont conservés : les *Olympiques*, les *Pythiques*, les *Isthmiques* et les *Néméennes*. Pindare excelle dans les « épinicies », odes triomphales en l'honneur des sportifs victorieux aux concours d'Olympie, de Delphes, de Corinthe et de Némée. Dans ces poèmes étincelants, où les vainqueurs sont identifiés aux héros de la mythologie, Pindare vante la gloire des cités dont ils sont issus. D'abord protégé par le tyran Hiéron de Syracuse, on le retrouve à la cour du roi de Cyrène dès 462. Il obtint vite une grande réputation et composa pour de nombreux commanditaires – aristocrates, souverains et cités. S'il eut des rivaux, comme Simonide et Bacchylide, il n'eut guère de successeurs. Ses odes sont le dernier écho d'une manière aristocratique de vivre, où les exploits étaient ceux des jeux et non ceux de la vie politique.

Platon (427-347 av. J.-C.)

Le célèbre philosophe grec était un citoyen athénien, issu d'une des grandes familles de la cité. Alors que sa noble origine, sa richesse et son éducation le destinaient à devenir dirigeant politique ou savant pédagogue (un de ces sophistes honnis par l'écrivain), Platon choisit de devenir philosophe, à l'imitation de son maître et concitoyen Socrate, qui exerça sur lui une influence déterminante. Loin toutefois de se retirer de la vie publique, le philosophe tel que Platon l'a inventé se consacre à la réforme de la cité et de ses habitants, soit par ses écrits, soit par son enseignement. Vers l'âge de quarante ans, il fonda à Athènes une école de philosophie, l'Académie, où les élèves (au nombre desquels Aristote) venaient suivre ses leçons aussi bien que celles de prestigieux savants invités. Son œuvre est immense et se répartit en deux groupes identifiables : les premiers dialogues, mettant en scène les entretiens de Socrate, tels que *Gorgias, Phèdre* ou *Protagoras,* et les œuvres de plus longue haleine où Platon exprime sa seule pensée, comme *La République.* Pour le contenu comme pour la forme, l'œuvre platonicienne est d'une richesse éblouissante et son importance est capitale non seulement pour l'histoire de la philosophie, mais pour toute la culture occidentale.

Pline l'Ancien (23-79 ap. J.-C.)

Polymathe, père de l'esprit encyclopédiste et surnommé à juste titre « le plus illustre apôtre de la science romaine », Pline l'Ancien sut allier le goût du savoir à celui du pouvoir. Sous le règne de l'empereur Vespasien, il exerça quatre procuratèles avant de commander, de 77 à 70, la flotte impériale de Misène. En même temps, il se consacra à des recherches, tantôt érudites, tantôt généralistes, allant de l'étude des phénomènes célestes à la sculpture et à la peinture, en passant par l'agriculture et la philosophie. Sa curiosité et son insatiable désir de connaissance lui coûtèrent la vie : en 79, Pline périt dans les laves du Vésuve dont il s'était approché pour en observer l'éruption. Il aurait écrit plus de cinq cents volumes, dont seuls nous sont parvenus les trente-sept livres de l'*Histoire naturelle*, achevée et publiée en 77. Son neveu et fils adoptif, Pline le Jeune, nous apprend que Pline fut en outre historien (il aurait consacré vingt livres aux guerres de Germanie et trente et un à l'histoire romaine), rhéteur et grammairien.

Plutarque (*c.* 45-125 ap. J.-C.)

Né à Chéronée, en Béotie, Plutarque est issu d'une famille de notables. Après avoir visité Athènes, où il étudie, l'Égypte et l'Asie Mineure, il s'installe à Rome et acquiert la citoyenneté. Plutarque a laissé une œuvre importante, dans laquelle la philosophie et la biographie occupent une place de choix. Sous le titre de *Moralia* sont regroupés ses nombreux traités de philosophie morale, qui offrent une synthèse érudite et passionnante des différentes écoles, de Platon, d'Aristote, des stoïciens et des épicuriens. En sa qualité de moraliste, Plutarque s'est intéressé à la vie des hommes illustres en rédigeant des biographies dans lesquelles il établit et analyse les vices et les vertus de chacun. Nous disposons ainsi de vingt-trois paires de ses *Vies parallèles*, où sont à chaque fois rapprochés un Grec et un Latin. À noter, pour compléter une vie et une œuvre riches et éclectiques, les

Dialogues pythiques, écrits durant les années que Plutarque a passées à Delphes comme prêtre du sanctuaire d'Apollon. Dès l'Antiquité, l'influence de Plutarque a été considérable. Au-delà de leur portée philosophique, ses œuvres sont une mine de renseignements pour tous ceux qui s'intéressent à la civilisation gréco-romaine.

Pomponius Mela (Ier siècle ap. J.-C.)

Originaire de Tingentéra en Espagne (près de l'actuelle Tarifa), il est l'auteur d'une *Chorographie,* traité de géographie en trois livres, datant du milieu du Ier siècle après J.-C. Dans cet ouvrage, il décrit brièvement les trois continents, européen, africain, asiatique, pour détailler ensuite avec plus de précision les pays du bassin méditerranéen, selon un parcours qui mène de la Mauritanie jusqu'au golfe Persique en passant par l'Espagne, la Gaule, la Germanie, la Scythie, l'Inde. La rédaction, technique, accorde une place non négligeable à la description, dans un ensemble qui relève de la géographie régionale, sociale, humaine. L'auteur manifeste un intérêt ethnographique pour les curiosités locales, les mœurs des populations étrangères, les caractéristiques des régions les moins connues, résumant au contraire de façon lapidaire les connaissances sur la Grèce et l'Italie. Sa conception de la Terre est celle d'un disque. S'il s'agit du plus ancien traité latin de géographie que nous puissions lire, l'ouvrage contient des erreurs par rapport aux connaissances de l'époque.

Properce (*c.* 50-*c.* 15 av. J.-C ?)

Properce, « le Callimaque romain », le véritable héritier de l'alexandrinisme grec, révèle dans son œuvre qu'il est né en Ombrie, sans doute à Assise, dans une famille proche du rang équestre. Son enfance, durant laquelle il voit mourir son père, est marquée par la violence des guerres civiles, dont il est directement victime. Sa mère le conduit à Rome pour achever une éducation qui le destinait à devenir avocat. Properce lui préfère une carrière poétique et amoureuse. Il appelle « Cynthie » la femme qui lui inspire la *monobiblos,* le premier livre de son recueil d'*Élégies,* publié vers 29. Le pseudonyme dissimulerait une certaine « Roscia » (et non « Hostia »). Cette première publication lui apporte le succès, l'intérêt et la faveur de Mécène, l'éminence grise d'Auguste. Le chevalier Mécène, féru d'art et de littérature, entretenait un cercle d'écrivains qu'il encourageait à chanter les vertus du nouveau régime instauré par Auguste, sans les y contraindre toutefois. Properce peut ainsi continuer à composer et à publier un deuxième, puis un troisième recueil d'élégies érudites et précieuses, où sa liaison amoureuse tient le premier rôle. Dès le troisième livre, cependant, la place concédée aux péripéties de cette passion se réduit. L'auteur élégiaque commence à aborder d'autres sujets, plus sérieux et plus conformes aux orientations de la politique du prince. C'est surtout dans le quatrième et dernier livre qu'il laisse libre cours à une inspiration morale, civique et historique en conservant toutefois le mètre élégiaque et quelques allusions à sa bien-aimée. Les témoignages sur la date de sa mort ne concordent pas, et nous ignorons toujours si le quatrième livre est posthume.

Sénèque (1 av. J.-C.-65 ap. J.-C.)

« Le toréador de la vertu », selon le mot de Nietzsche, est né autour de l'an 1 avant J.-C., à Cordoue, dans le sud de l'Espagne. Si le nom de Sénèque est, à juste titre, associé à la pensée stoïcienne, sa vie et son œuvre ne s'y résument pas. Sénèque suit les enseignements de Sotion d'Alexandrie, un stoïcien, puis est initié en Égypte aux cultes orientaux. La carrière politique du philosophe est tout aussi brillante que sa carrière littéraire, même s'il connaît des disgrâces, un exil et échappe à une première condamnation à mort sous Caligula: précepteur de Néron, régnant dans l'ombre sur l'Empire, on lui attribue aussi neuf tragédies fameuses, dont *Œdipe, Hercule furieux* et *Médée,* qui représenteraient les ravages des passions dénoncées dans ses traités philosophiques. Son œuvre philosophique reste la plus marquante : *De tranquillitate animi, De clementia, De vita beata* ou *De constantia animi,* autant de traités où Sénèque, parallèlement à sa carrière d'homme d'État, développe les principes de la philosophie stoïcienne, invite à la conversion au souci de soi et évoque les avantages de la retraite : le sage n'y occupe plus une responsabilité mesquine et disputée dans la cité mais une place essentielle dans la république de l'univers. Néron au pouvoir se méfie de son ancien maître et tente de le faire empoisonner. Retiré à Naples par crainte de l'empereur, le penseur stoïcien mène l'existence érudite et tranquille d'un philosophe, soigne son corps et son âme et compose les *Lettres à Lucilius.* Sa fin est exemplaire : impliqué dans la conjuration de Pison, Sénèque choisit de se suicider et s'emploie avec un grand courage à rejoindre dans la mort une autre figure emblématique du stoïcisme, Caton d'Utique.

Silius Italicus (26-101/102 ap. J.-C.)

Orateur et avocat de renom, Silius Italicus fut consul sous Néron et proconsul d'Asie sous Vespasien. De retour à Rome, ce grand collectionneur de livres et d'œuvres d'art, admirateur de Cicéron et de Virgile, se consacra à une carrière littéraire. Il composa alors une épopée en dix-huit chants consacrée à la deuxième guerre punique, les *Punica* (« La Guerre punique ») où il mêle histoire et merveilleux (comme lorsqu'il raconte la descente de Scipion aux Enfers). Selon Pline le Jeune, ce représentant, avec Stace et Valérius Flaccus, de ce que l'on appelle « l'épopée flavienne » aurait choisi de se laisser mourir de faim alors qu'il se savait atteint d'une tumeur incurable.

Sophocle (*c.* 497-405 av. J.-C.)

Dès l'Antiquité, Sophocle fut considéré comme le modèle de l'homme heureux. Il s'imposa vite sur la scène tragique et connut un succès qui ne se démentit pas par la suite. Sa carrière dura plus d'un demi-siècle et fut jalonnée par vingt-quatre victoires lors des concours dramatiques. Il joua également un rôle politique de premier plan à Athènes, exerçant plusieurs magistratures et participant à l'introduction du culte d'Asclépios (le dieu de la Médecine). Poète de génie, Sophocle apporta nombre d'innovations décisives au théâtre, comme l'introduction du troisième acteur ou le rôle accru des décors. Sept de ses tragédies (sur un nombre total de cent trente ou cent vingt-trois) sont conservées : *Ajax*, *Antigone*, *Électre*, *Œdipe roi*, *Œdipe à Colone*, *Philoctète* et *Les Trachiniennes*, chefs-d'œuvre inépuisables, aujourd'hui encore régulièrement portés à la scène.

Stace (45-*c*. 96 ap. J.-C.)

Né à Naples, Stace est de bonne heure initié aux lettres grecques et latines par son père. « Le plus hellène des poètes latins » se voue tôt à la poésie tout en cultivant les puissants, en l'occurrence l'empereur Domitien. Auteur prolifique, il est surtout connu pour la *Thébaïde* : l'épopée relate la lutte de Polynice pour reprendre le trône de Thèbes détenu par son frère Étéocle. Après cette œuvre qui lui demande douze ans de travail, et sans doute en songeant au modèle de l'*Iliade* et de l'*Odyssée*, Stace commence l'*Achilléide*, poème inachevé dédié à l'enfance d'Achille. À partir de 92, Stace publie également des « improvisations mêlées », les *Silves*, où il évoque non seulement les puissants, mais aussi des faits plus personnels et touchants comme les paysages de son pays natal, la côte Sorrentine, le mariage d'un proche ou les propriétés de ses amis.

Suétone (*c*. 70-122 ap. J.-C.)

Issu d'une famille appartenant à l'ordre équestre, C. Suetonius Tranquillus fit une carrière administrative dans les services centraux de l'Empire, où il devint secrétaire *ab epistulis* (chargé de la correspondance) dans le palais d'Hadrien, tâche qui lui permit sans doute un accès direct aux archives impériales. La production de cet auteur polygraphe fut considérable, puisqu'il écrivit des traités divers concernant la grammaire, l'histoire, l'archéologie (par exemple sur les jeux des Grecs, sur le *De republica* de Cicéron, sur les usages et les mœurs des Romains), et notamment un *De grammaticis et rhetoribus* tiré d'un ensemble plus vaste, qui rassemblait des biographies de poètes, orateurs, philosophes, historiens, grammairiens, rhéteurs. Grâce à cet ouvrage nous pouvons lire la vie de Térence, de Lucain ou celle d'Horace. Mais c'est surtout par ses célèbres vies des douze Césars qu'il est connu (*De vita duodecim Caesarum*). Dans cet ouvrage, il raconte la vie des Julioclaudiens et des Flaviens, de Jules César à Domitien, en consacrant à chacun des empereurs un livre. De ce fait, il rompt avec la tradition annalistique par laquelle les historiens rendaient compte des événements, année par année, et inaugure une nouvelle forme d'historiographie. Il privilégie une conception anecdotique de l'Histoire, collectionnant les détails précis, parfois scabreux (les ragots au dire des méchantes langues), consignant les faits et gestes des empereurs, comme révélateurs d'une personnalité : derrière les hommes d'État nous découvrons ainsi des hommes dans leur singularité, avec leurs vices et leurs passions. Ses biographies seront un modèle pour les biographes du Moyen Âge.

Tacite (55/57-116/120 ap. J.-C.)

« Le plus grand peintre de l'Antiquité », comme l'a appelé Racine, s'est intéressé à la politique avant de se consacrer à l'histoire. Servi par de brillants talents oratoires, son amitié avec Pline le Jeune et un mariage avantageux, Tacite, né dans une famille de rang équestre de la Gaule narbonnaise, devint consul en 97 puis proconsul d'Asie en 112-114. Il disparaît ensuite, comme son grand ami Pline le Jeune, et meurt sans doute au début du règne d'Hadrien. Sa carrière d'écrivain commence par un essai consacré à la rhétorique, le *Dialogue des orateurs*, où il s'interroge sur les causes de la décadence de l'art oratoire et sur ses raisons d'être sous le régime impérial, où l'empereur détenait la plupart des pouvoirs. Suivent deux brèves monographies, une apologie de son beau-père, Agricola, et un essai ethnographique sur la Germanie. C'est ensuite que Tacite écrit ses deux chefs-d'œuvre, les *Histoires*, qui retracent les destinées de Rome du règne de Galba (3 av. J.-C.-69 ap. J.-C.) au règne de Domitien (51-96), et les *Annales*, qui remontent plus loin dans le passé, de Tibère (42 av. J.-C.-37 ap. J.-C.) à Néron (37-68). S'appuyant sur une documentation de première main et visant à l'impartialité, Tacite cherche à pénétrer le secret des âmes pour mieux mettre en lumière les ressorts de l'histoire et recréer l'atmosphère de ces moments qu'il présente sous un jour généralement sombre et pessimiste. Loin d'être un catalogue d'*exempla*, les œuvres de Tacite montrent les vertueux toujours punis et les innocents persécutés. Toujours à l'affût de la « scène à faire », il est célèbre, comme Tite-Live, pour les discours qu'il recrée. Il ne dédaigne pas de tirer des leçons de morale, dans un style personnel, cultivant les raccourcis et les dissymétries, les formules condensées et expressives. Son style est l'incarnation de la *breuitas*, la « brièveté », que certains présentent comme une vertu du discours, et son nom, « Tacite », semble présager son style.

Théocrite (*c*. 315 av. J.-C.-250 av. J.-C.)

Originaire de Syracuse, Théocrite se rend à Alexandrie où les Ptolémées ont la cour le plus fameuse de l'époque hellénistique. Avec Aratos, Callimaque et Nicandre, il est un des protégés de Ptolémée Philadelphe. Son nom est aussi attaché à l'île de Cos, où il aurait séjourné. La poésie de Théocrite appartient à la tradition pastorale ou bucolique : la vie aux champs, celle des pâtres, des bouviers, des moissonneurs, devient l'objet d'un poème évoquant la joie et la douceur de vivre. Les

Idylles, d'une grande liberté stylistique, prennent pour modèles tour à tour les hymnes, les monologues, les éloges, les dialogues, les descriptions ou les joutes poétiques. Sa poésie n'est pas uniquement pastorale : la vie citadine, comme dans *Les Syracusaines ou les Femmes à la fête d'Adonis,* les peines d'amour, dans *Les Magiciennes,* ou la mythologie, par exemple dans *Héraclès enfant,* y sont aussi évoquées. Quels que soient les sujets, la poésie de Théocrite est pleine d'esprit et de vie.

Tite-Live (*c.* 60 av. J.-C.-17 ap. J.-C.)

La vie de Tite-Live est sans doute l'une des plus calmes parmi les existences d'auteurs antiques. Il fallait bien une telle sérénité pour composer une œuvre-fleuve comme celle à laquelle le plus prolixe des historiens latins donna le jour. Originaire de Padoue, il consacre sa vie à sa famille et à son œuvre. Cet intime d'Auguste, attaché à ses convictions républicaines, limite ses séjours à la cour, où il occupe toutefois les fonctions de précepteur du futur empereur Claude. Il est l'auteur d'écrits d'inspiration philosophique aujourd'hui perdus, mais surtout d'une histoire romaine, *ab Vrbe condita,* « depuis la fondation de Rome », en cent quarante-deux livres. Seule la mort interrompt son travail. Il nous reste trente-cinq livres, fort instructifs, qui sont notre source principale sur l'histoire archaïque de Rome. Malheureusement, les livres consacrés aux guerres civiles ont disparu. Tite-Live s'appuie sur différents matériaux : des légendes, des documents officiels, les œuvres des premiers historiens, les « annalistes », qui consignaient tous les événements importants survenus chaque année. Il ne se livre pas nécessairement à une critique des sources : il juxtapose les différentes versions sans forcément évoquer ses préférences ou les doutes qu'une légende peut lui inspirer. Son travail se veut non seulement narratif mais aussi explicatif et didactique : son ouvrage multiplie les *exempla,* les figures de citoyens exemplaires qui ont fait la force et la grandeur de la Rome des premiers temps et qui doivent aujourd'hui servir de mémento à ses contemporains dévoyés par le luxe et la débauche. Tite-Live cherche également à composer une œuvre d'art : l'exigence de vérité ne l'amène jamais à sacrifier sa visée esthétique.

Virgile (70-19 av. J.-C.)

Si Homère devait avoir un double latin, ce serait Virgile, tant son œuvre fut célébrée, autant par les Anciens que par les générations suivantes. Issu d'une famille modeste, spoliée d'une partie de ses biens par la guerre civile, Virgile est né à Mantoue et ne tarde guère à se consacrer à la poésie, après avoir étudié la rhétorique et la philosophie épicurienne à Crémone, Milan et Rome. À trente ans à peine, il a déjà composé les *Bucoliques,* pièces champêtres à la manière du poète grec Théocrite, qui comportent plusieurs allusions à la triste réalité contemporaine des propriétaires spoliés. Il poursuit avec les *Géorgiques,* imitées de la poésie didactique d'Hésiode. Mécène puis l'empereur Auguste le remarquent, l'encouragent et lui redonnent un petit domaine rural en Campanie. Virgile devient ainsi le chantre officiel de l'Empire. Toutefois, ce poète de cour est un poète de génie. Désireux de chanter la gloire d'Auguste, il a cependant l'idée de ne pas célébrer directement ses exploits mais d'entreprendre une épopée propre à flatter tant le prince que l'orgueil national : l'*Énéide* relate les exploits d'Énée, chef troyen, fils de Vénus et ancêtre mythique de la famille d'Auguste et du peuple romain. Un réseau complexe d'allusions à la destinée future du peuple romain assure le lien entre le récit fabuleux des origines et l'histoire contemporaine. C'est ainsi que les Romains ont pu rivaliser avec les glorieux héros grecs. Insatisfait de son œuvre, Virgile avait demandé à Varron de la jeter dans les flammes s'il venait à mourir. Bravant la volonté du poète mort brusquement d'une insolation, Auguste en ordonna la publication. Dès lors l'épopée nationale fut considérée comme un véritable abrégé du savoir humain et le modèle de la grande poésie, louée tant par les païens que par les chrétiens. À partir des trois œuvres du poète s'élabora le modèle de « la roue de Virgile » : les motifs, les tournures de chacune servaient de références aux trois niveaux de style, bas, moyen et élevé *(humile, mediocre, sublime)*.

Vitruve (fin du Ier siècle av. J.-C.)

Architecte et ingénieur militaire, Vitruve servit dans l'armée de César, où il était chargé de construire des machines de guerre ; il s'occupa ensuite des aqueducs de Rome. Il rassembla son savoir, dû autant à l'expérience qu'à ses nombreuses lectures d'auteurs grecs, dans un ouvrage en dix livres, le *De architectura* (« De l'architecture »). Homme cultivé (il se définit comme adepte de la philosophie pythagoricienne), il n'hésite pas à se lancer dans des développements d'ordre général et il cite aussi bien Archimède que les philosophes grecs (Platon, Aristote, Théophraste ou Épicure).

LES MONSTRES GRÉCO-ROMAINS

ALLECTO : voir Furies.

AMPHISBÈNE : reptile à deux têtes disposées à chaque extrémité du corps et qui pouvait avancer dans les deux sens.

ANDROGYNE : être bisexué fusionnant le masculin et le féminin.

ARGHÈS : voir Cyclopes.

ARGOS OU ARGUS : doté d'un œil, ou d'une double paire, ou d'une multitude d'yeux parsemant son corps, il libéra l'Arcadie d'un taureau et d'un satyre qui ravageaient la contrée et fut préposé par Héra à la garde d'Io.

BLÉMYES : peuple improbable d'Afrique.

BRIARÉE : voir Hécatonchires.

BRONTÈS : voir Cyclopes.

CACUS : fils de Vulcain, il habitait dans une grotte de l'Aventin en Italie. Il déroba un jour quelques bœufs du troupeau d'Hercule et fut tué par le héros grec, malgré les flammes qu'il lançait de ses trois bouches. Son nom signifie en grec « mauvais ».

CÉLAENO : voir Harpyes.

CENTAURES : êtres de Thessalie mi-hommes, mi-chevaux, nés des amours d'Ixion et d'une nuée. La légende viendrait de ce que les premiers cavaliers portés par leur monture et soulevant à leur passage des nuages de poussière auraient été perçus comme des monstres. Célèbre est la lutte qui les opposa aux Lapithes. Leur caractère est violent et sauvage.

CERBÈRE : chien à trois, cinquante ou cent têtes qui gardait l'entrée des Enfers, interdisant aux vivants d'y pénétrer comme aux morts de s'en échapper. Un gâteau de pavot permettait de l'endormir.

CHARYBDE : monstre embusqué dans un gouffre rugissant du détroit de Messine. Elle avalait les navires passant à sa portée. En face d'elle sévissait Scylla.

CHIMÈRE : hybride ignivore à corps de chèvre, tête de lion, queue de serpent, ou possédant trois têtes, de lion, de chèvre, de serpent.

CHIRON : le plus célèbre et le plus sage des Centaures.

CLYTEMNESTRE : épouse d'Agamemnon, elle trompa son mari avec Égisthe et l'assassina à son retour de la guerre de Troie.

COTTOS : voir Hécatonchires.

CYCLOPES : géants de Sicile à l'œil unique. Le plus connu d'entre eux est Polyphème.

CYLLARE : voir Centaures.

CYNOCÉPHALES : hommes à tête de chien peuplant les contrées désertiques de la Libye.

DRAGONS : nombreux sont les dragons de la mythologie gréco-romaine, comme le gardien du temple des Hespérides, le monstre marin venant ravir Andromède, les serpents de Ténédos, le dragon de Thèbes abattu par Cadmus, les dragons de mer affolant l'équipage d'Hippolyte.

ÉCHIDNA : dragon de Cilicie ou du Péloponnèse, à corps de femme et à queue de serpent. Elle est la mère de Cerbère, de Chimère, de l'hydre de Lerne.

ENCELADE : l'un des Géants. Il fut soumis par Athéna lors de la gigantomachie et enterré sous le mont Etna. On expliquait volontiers les éruptions volcaniques et les secousses sismiques par la respiration et les mouvements du Géant.

ÉRINYES ou **EUMÉNIDES** : déesses de la vengeance, représentées sous les traits de femmes portant des torches à la main et des serpents dans les cheveux.

FAMA : déesse de la Renommée dont Virgile fait un monstre couvert d'autant d'yeux, d'oreilles et de bouches que de plumes. En courant, cette Rumeur grossit jusqu'à la démesure.

FURIES : nom latin des Euménides. Ces déesses de la vengeance deviennent à Rome les actrices incontournables et démoniaques des épopées de Virgile et de Stace.

GÉANTS : ils luttèrent contre les dieux olympiens lors d'une terrible bataille, la gigantomachie. Ils furent engendrés par la Terre, qui voulait venger par leur intermédiaire les Titans, enfermés par Zeus dans le Tartare. Hirsutes et démesurés, ces êtres aux jambes de serpent furent défaits par Zeus.

GÉRYON : fils de Chrysaor et de Callirhoé, ce géant à trois têtes et au corps triple vivait sur l'île d'Érythie. Il possédait un troupeau de bœufs qui lui fut ravi par Hercule.

GORGONES : filles de Phorcys et de Céto, les trois Gorgones, Sthéno, Euryalé et Méduse, vivaient près du pays des morts, aux confins de l'Occident. Elles avaient une tête entourée de serpents, des défenses de sanglier, des mains de bronze, et leur regard pétrifiait leurs adversaires. Méduse, qui seule était mortelle, fut vaincue par Persée, qui lui trancha la tête. Athéna la plaça en trophée au centre de son égide.

GRIFFONS : gardiens des trésors d'Apollon ou protecteurs jaloux des minerais d'or, dans les déserts de Scythie, en Inde ou en Éthiopie, ils avaient une tête et des ailes semblables à celle de l'aigle, montées sur un corps de lion.

GYGÈS ou GYÈS : voir Hécatonchires.

HARPYES : démons ailés ou oiseaux à tête féminine, pourvus de serres effilées. Fondant du ciel, elles ravissaient les mets de Phinée ou des compagnons d'Énée, répandant à leur passage une odeur nauséabonde.

HÉCATONCHIRES : Cottos, Briarée, Gygès (ou Gyès). Ces géants monstrueux dotés de cinquante têtes et de cent bras, fils du Ciel et de la Terre, furent relégués par leur père au fond de la Terre. Zeus les délivra lors de la gigantomachie et les préposa à la garde des Titans.

HERMAPHRODITE : fils d'Hermès et d'Aphrodite, sa beauté lui valut d'être enlacé par la nymphe Salmacis tandis qu'il se baignait dans un lac en Carie. Les corps des deux amants se soudèrent à jamais.

HIPPOCENTAURES : voir Centaures.

HYDRE DE LERNE : ce monstrueux serpent né de Typhon et d'Échidna vivait dans un marais pestilentiel et possédait de nombreuses têtes qui avaient la faculté de renaître lorsqu'on les tranchait. Hercule neutralisa la bête lors de l'un de ses travaux en la combattant avec des flèches et du feu.

HYLONOMÉ : voir Centaures.

LICORNE (ou unicorne, ou monocéros) : promise à un fabuleux destin au Moyen Âge, sa présence est rare dans les textes anciens. Elle se distingue par la corne unique qui orne son front. Le reste de son corps est celui d'une antilope, d'un âne sauvage ou d'un cheval.

MARTICHORAS : bête anthropophage à face humaine, queue de scorpion, taille de lion.

MÉDÉE : criminelle par passion, elle tue ses deux enfants pour avoir été répudiée par celui qu'elle avait aidé, puis aimé, Jason, dont elle se venge de la sorte.

MÉDUSE : voir Gorgones.

MINOTAURE : davantage présent dans l'iconographie que dans la littérature ancienne, il est le fruit des amours adultères de la reine de Crète Pasiphaé avec un taureau, d'où sa morphologie composite, mi-homme mi-taureau.

NÉRON : fils d'Agrippine, successeur de Claude, il fut empereur à Rome de 54 à 68 après J.-C.

PÉGASE : cheval ailé fils de la Gorgone ou de la Terre fécondée par le sang de la Gorgone. Il fut offert au héros Bellérophon qui, grâce à cette monture magique, tua la

Chimère et vainquit les Amazones. D'un coup de sabot, il fit jaillir la source Hippocrène.

PHÉNIX : oiseau mythique au plumage bigarré qui avait le don merveilleux de renaître de ses cendres, lorsqu'à l'approche de la mort il se laissait consumer sur un bûcher de plantes aromatiques. Figure de l'éternel recommencement, il sera pour les apologistes chrétiens un symbole de résurrection.

PYTHON : dragon qui rendait des oracles au pied du Parnasse, près de Delphes et qu'Apollon tua d'une flèche avant de fonder son sanctuaire.

SCYLLA : monstre marin dont la partie supérieure est celle d'une femme et dont le ventre est ceint de chiens féroces. Elle dévora six compagnons d'Ulysse. Elle est indissociable de sa voisine Charybde.

SIRÈNES : femmes-oiseaux dans l'Antiquité, à la physionomie distincte des représentations médiévales et modernes du mythe. Leur chant mélodieux happait les marins qui se risquaient à les approcher pour tomber finalement entre leurs griffes.

SPHINX : hybride à corps de lion, tête de femme, parée d'ailes, elle est, en Grèce, de sexe féminin. Elle est associée à la légende d'Œdipe, à qui elle pose la fatidique question de l'identité humaine.

STÉROPÈS : voir Cyclopes.

TISIPHONE : l'une des trois Furies, avec Allecto et Mégère, spécialisée dans la vengeance, comme l'indique son nom en grec.

TITANS : première génération des enfants de Ciel et Terre. Le plus jeune des six garçons, Cronos, mutile son père Ouranos et s'empare du pouvoir avec ses frères. À leur tour, les Titans sont détrônés par les dieux olympiens, sous la conduite de Zeus.

Tityos : Géant, supplicié des Enfers, dont le corps couvrait neuf arpents. Il était condamné à voir son foie éternellement dévoré par deux vautours.

Tritons : dieux marins au torse humain et à la queue de poisson, souvent représentés avec une conque qu'ils embouchent comme une trompette pour annoncer l'arrivée de Poséidon ou calmer les eaux.

Typhon : dernier rejeton de Terre et du Tartare, élevé par Python, ce Géant au regard de braise, surmonté de cent têtes de dragon, et à la ceinture couronnée de serpents, fut terrassé par Zeus et condamné à gésir sous le mont Etna.

LES DIEUX DES GRECS ET DES LATINS [1]

APHRODITE/VÉNUS. Déesse de l'Amour et de la Fécondité, Aphrodite est née de la mer. Elle a pour symbole la pomme, la grenade et la colombe. Les Romains la révèrent sous le nom de Vénus.

APOLLON. Le dieu des Arts, des Oracles et du Soleil, est aussi un archer redoutable semant la mort et la peste. Fils de Zeus, il a pour sœur jumelle Artémis/Diane, déesse de la Chasteté, de la Chasse et de la Lune.

ARÈS/MARS. Le dieu de la Guerre n'est guère apprécié des Grecs, qui le nomment Arès, mais il l'est davantage des Romains, qui le révèrent sous le nom de Mars, et font de lui le père du fondateur de Rome.

ATHÉNA/MINERVE. Déesse guerrière, Athéna, Minerve pour les Romains, est née en armes du crâne de Zeus. Déesse de l'Intelligence, elle a pour emblème la chouette. Elle a donné aux hommes l'olivier.

DÉMÉTER/CÉRÈS. Déméter, Cérès pour les Latins, est la déesse de la Fertilité. Elle a donné aux hommes la culture du blé, et les a initiés à des mystères, célébrés à Éleusis.

DIONYSOS/BACCHUS. Dieu du Théâtre, de la Folie et de l'Ivresse, Dionysos, Bacchus pour les Romains, a donné le vin aux hommes. Muni d'un bâton, le thyrse, il guide le cortège des femmes vouées à son culte, les bacchantes ou les ménades.

---

1. Voir dans la même collection le *Panthéon en poche. Dieux et déesses de l'Antiquité.*

HADÈS/PLUTON. Hadès, nommé Pluton par les Romains, est le souverain des morts. Il habite les enfers. Sa demeure est gardée par Cerbère, un chien monstrueux à trois têtes. Il est aussi le maître des richesses et des profondeurs de la terre.

HÉPHAÏSTOS/VULCAIN. Le dieu de la Forge est révéré par les Grecs sous le nom d'Héphaïstos. Les Romains l'appellent Vulcain. Boiteux, le plus laid des dieux est marié à la plus belle et la plus volage des déesses, Aphrodite/Vénus. Il est le protecteur des artisans.

HÉRA/JUNON. L'épouse de Zeus est célèbre pour ses colères et pourchasse les conquêtes innombrables de son époux. Le paon et la génisse lui sont consacrés. Les Romains la révèrent sous le nom de Junon. Elle protège la vie féminine et le mariage.

HERMÈS/MERCURE. Hermès, que les Romains appellent Mercure, est le dieu du Voyage, du Commerce, des Marchands et des voleurs. Muni de sandales ailées, il est le messager des dieux. Il a aussi pour mission de conduire les défunts aux enfers. Il est dit alors psychopompe, « qui guide les âmes ».

HESTIA/VESTA. Hestia, Vesta pour les Romains, est la déesse des Foyers, symbolisée par la flamme de ses temples, que ses prêtresses, les vestales, doivent conserver.

POSÉIDON/NEPTUNE. Poséidon, Neptune pour les Romains, est le dieu des Mers et des Tremblements de terre. Ombrageux et versatile, il a pour emblèmes le cheval et le taureau. Avec son trident, il déchaîne les tempêtes.

ZEUS/JUPITER. Père des dieux, Zeus, Jupiter pour les Romains, est le maître de la foudre et du tonnerre. Son oiseau est l'aigle et il détient l'égide, un bouclier qui a le pouvoir d'effrayer ses adversaires.

POUR ALLER PLUS LOIN

LES SOURCES

Anonyme, *L'Etna,* texte établi et traduit par J. Vessereau, Les Belles Lettres, « CUF », Paris, 2002.

Apollonios de Rhodes, *Argonautiques,* tome I, chants I-III, texte établi et commenté par F. Vian, traduit par E. Delage et F. Vian, Les Belles Lettres, « CUF », Paris, 1976.

Apulée, *Les Métamorphoses ou l'Âne d'or,* texte traduit par O. Sers, Les Belles Lettres, collection « Classiques en poche », Paris, 2007.

Aristophane, *Comédies,* tome IV : *Les Thesmophories - Les Grenouilles,* texte établi par V. Coulon, traduit par H. Van Daele, Les Belles Lettres, « CUF », Paris, 2002.

Aristote, *De la génération des animaux,* texte établi et traduit par P. Louis, Les Belles Lettres, « CUF », Paris, 2002.

Callimaque, *Les Origines-Réponses aux Telchines-Élégies-Épigrammes-Iambes et pièces lyriques-Hécalé-Hymnes,* texte établi et traduit par E. Cahen, Les Belles Lettres, « CUF », Paris, 2002.

Cicéron, *La Nature des dieux,* texte traduit et commenté par C. Auvray-Assayas, Les Belles Lettres, collection « La Roue à Livres », Paris, 2002.

Cicéron *De la divination,* texte traduit et commenté par G. Freyburger et J. Scheid, préface de A. Maalouf, Les Belles Lettres, collection « La Roue à Livres », Paris, 1992.

Cicéron, *Des termes extrêmes des Biens et des Maux,* livres 1 à 2, texte établi et traduit par J. Martha, 5ᵉ édition revue, corrigée et augmentée par C. Lévy 1990, Les Belles Lettres, « CUF », Paris, 2002.

Cicéron, *Des termes extrêmes des Biens et des Maux,* livres 3 à 5, texte établi et traduit par J. Martha, 5ᵉ édition revue et corrigée par Cl. Rambaux 1989, Les Belles Lettres, « CUF », Paris, 2002.

Cicéron, *Discours,* tome VI : *Seconde action contre C. Verrès,* livre V : *Les Supplices,* texte établi par H. Bornecque et traduit par G. Rabaud, Les Belles Lettres, « CUF », Paris, 2002.

Cicéron, *Discours,* tome XIX : *Philippiques I à IV,* texte établi et traduit par A. Boulanger et P. Wuilleumier, Les Belles Lettres, « CUF », Paris, 1963.

Ctésias de Cnide, *La Perse-L'Inde-Autres fragments,* texte établi, traduit et commenté par D. Lenfant, Les Belles Lettres, « CUF », Paris, 2004.

Diodore de Sicile, *Mythologie des Grecs* (*Bibliothèque Historique,* Livre IV), texte traduit par A. Bianquis, introduction et notes par J. Auberger, préface de P. Borgeaud, Les Belles Lettres, « CUF », Paris, 1997.

Élien, *La Personnalité des animaux,* livres I à IX, texte traduit et commenté par A. Zucker, Les Belles Lettres, collection « La Roue à Livres », Paris, 2001.

EURIPIDE, *Tragédies,* tome V: *Hélène. - Les Phéniciennes,* texte établi et traduit par H. Grégoire, L. Méridier, et F. Chapouthier, Les Belles Lettres, « CUF », Paris, 2002.

ESCHYLE, *Tragédies,* tome II: *Agamemnon. - Les Choéphores. - Les Euménides,* texte établi et traduit par P. Mazon, (2ᵉ édition 1935), Les Belles Lettres, « CUF », Paris, 2004.

HÉRACLITE, *Allégories d'Homère,* texte établi et traduit par F. Buffière, Les Belles Lettres, « CUF », Paris, 2003.

HÉRODOTE, *L'Égypte. Histoires II,* texte traduit par Ph.-E. Legrand, introduction et notes par Ch. Jacob, collection « Classiques en poche », 1997.

HÉRODOTE, *Histoires,* tome IV: livre IV, *Melpomène,* texte établi et traduit par Ph.-E. Legrand, Les Belles Lettres, « CUF », Paris, 2003.

HÉRODOTE, *Histoires,* livre VII, Polymnie, texte établi et traduit par Ph.-E. Legrand, Les Belles Lettres, « CUF », Paris, 1963.

HÉSIODE, *Théogonie-Les Travaux et les Jours-Le Bouclier,* texte établi et traduit par P. Mazon, Les Belles Lettres, « CUF », Paris, 1986.

HIPPOCRATE, *De la génération. - De la nature de l'enfant.- Des maladies,* tome XI, texte établi et traduit par R. Joly, Les Belles Lettres, « CUF », Paris, 2003.

HOMÈRE, *Odyssée,* Chants VIII à XV, texte établi et traduit par V. Bérard, introduction de E. Cantarella, notes par S. Milanezi, collection « Classiques en poche », 2007.

HOMÈRE, *Hymnes,* texte établi et traduit par J. Humbert, Les Belles Lettres, « CUF », Paris, 2003.

HORACE, *Épîtres. Art Poétique,* texte établi et traduit par F. Villeneuve, Les Belles Lettres, « CUF », Paris, 1978.

LUCAIN, *La Guerre civile. La Pharsale,* tome II : livres VI-X, texte établi et traduit par A. Bourgery et M. Ponchont, Les Belles Lettres, « CUF », Paris, 1993.

LUCIEN, *Œuvres,* tome II, opuscules 11-20 (dont les *Histoires vraies*), texte établi et traduit par J. Bompaire, Les Belles Lettres, « CUF », Paris, 2003.

LUCRÈCE, *De la nature,* texte établi et traduit par A. Ernout, Les Belles Lettres, « CUF », Paris, 1966-1967.

MARTIAL, *Épigrammes,* tome I : livres I-VII, texte établi et traduit par H.-J. Izaac, Les Belles Lettres, « CUF », Paris, 1930.

MÉSOMÈDE, dans *Anthologie Palatine,* tome XII, livres XIII-XV, texte établi et traduit par F. Buffière, Les Belles Lettres, « CUF », Paris, 1970.

OVIDE, *Les Métamorphoses,* texte établi et traduit par G. Lafaye, tome I : édition revue et corrigée par J. Fabre, Les Belles Lettres, « CUF », Paris, 1985.

OVIDE, *Les Métamorphoses,* texte établi et traduit par G. Lafaye, tome II : édition revue et corrigée par H. Le Bonniec, Les Belles Lettres, « CUF », Paris, 1989.

OVIDE, *Les Métamorphoses,* texte établi et traduit par G. Lafaye, tome III : édition revue et corrigée par H. Le Bonniec, Les Belles Lettres, « CUF », Paris, 1991.

PINDARE, *Pythiques,* texte établi et traduit par A. Puech, Les Belles Lettres, « CUF », Paris, 2003.

Philostrate de lemnos, philostratus sophistes, *La Galerie de tableaux*, texte traduit par A. Bougot, révisé et annoté par F. Lissarrague, préface de P. Hadot., Les Belles Lettres, collection « La Roue à Livres », Paris, 1991.

Platon, *Œuvres complètes*, tome VII, 2ᵉ partie : *La République*, livres VIII-X, texte établi et traduit par E. Chambry, Les Belles Lettres, « CUF », Paris, 2003.

Platon, *Œuvres complètes*, tome IV, 2ᵉ partie : *Le Banquet*, notice de L. Robin. texte établi et traduit par P. Vicaire, avec le concours de J. Laborderie, Les Belles Lettres, « CUF », Paris, 1989.

Platon, *Œuvres complètes*, tome IV, 3ᵉ partie : *Phèdre*, notice de L. Robin, texte établi par Cl. Moreschini et traduit par P. Vicaire, Les Belles Lettres, « CUF », Paris, 2002.

Pline l'Ancien, *Histoire naturelle*, livre II (Cosmologie), texte établi, traduit et commenté par J. Beaujeu (1-112), (1951), Les Belles Lettres, « CUF », Paris, 2003.

Plutarque, *Œuvres morales*, tome II : Traités 10-14. *Consolation à Apollonios. - Préceptes de santé. - Préceptes de mariage. - Le Banquet des sept Sages. - De la superstition*, texte établi et traduit par J. Defradas, J. Hani et R. Klaerr, Les Belles Lettres, « CUF », Paris, 2003.

Plutarque, *Œuvres morales. Dialogues pythiques. Sur la disparition des oracles*, tome XXVI, texte établi et traduit par R. Flacelière, Les Belles Lettres, « CUF », Paris, 1974.

Pomponius Mela, *Chorographie*, texte établi, traduit et annoté par A. Silberman, Les Belles Lettres, « CUF », Paris, 1988.

Properce, *Élégies*, texte établi, traduit et commenté par S. Viarre, Les Belles Lettres, « CUF », Paris, 2005.

Sénèque, *Lettres à Lucilius,* tome II : Livres V-VII et tome III : Livres VIII-XIII, texte établi par F. Préchac et traduit par H. Noblot, Les Belles Lettres, « CUF », Paris, 1958.

Sénèque, *Tragédies,* tome I : *Hercule furieux. - Les Troyennes. - Les Phéniciennes. - Médée. - Phèdre,* texte établi et traduit par F. R. Chaumartin, Les Belles Lettres, « CUF », Paris, 1996.

Sénèque, *Tragédies,* tome II : *Œdipe - Agamemnon - Thyeste,* texte établi et traduit par F. R. Chaumartin, Les Belles Lettres, « CUF », Paris, 2000.

Silius Italicus, *La Guerre punique,* tome I, livres I-IV, texte établi et traduit par P. Miniconi et G. Devallet, Les Belles Lettres, « CUF », Paris, 1979.

Sophocle, *Tragédies,* tome I : *Introduction. - Les Trachiniennes - Antigone,* texte établi par A. Dain et traduit par P. Mazon. (7e édition revue et corrigée par J. Irigoin, 1994) 2e tirage de la 7e édition, Les Belles Lettres, « CUF », Paris, 2002.

Stace, *Thébaïde,* texte établi et traduit par R. Lesueur, (livres I-IV), Les Belles Lettres, « CUF », Paris, 1990.

Stace, *Thébaïde,* texte établi et traduit par R. Lesueur, (livres V-VIII), Les Belles Lettres, « CUF », Paris, 1991.

Suétone, *Vie des douze Césars,* tome I : *César. - Auguste,* texte établi et traduit par H. Ailloud, Les Belles Lettres, « CUF », Paris, 1954.

Suétone, *Vie des douze Césars,* tome II : *Tibère. - Caligula. - Claude. - Néron,* texte établi et traduit par H. Ailloud, Les Belles Lettres, « CUF », Paris, 1967.

THÉOCRITE, *Bucoliques grecs*, tome I, texte établi et traduit par Ph.-E. Legrand, Les Belles Lettres, « CUF », Paris, 2002.

TACITE, *Annales*, Livres XIII-XVI, texte établi et traduit par P. Wuillemier, deuxième tirage revu et corrigé par J. Hellegouarc'h, Les Belles Lettres, « CUF », Paris, 1989.

TITE-LIVE, *Histoire romaine*, tome XVII : Livre XXVII, texte établi et traduit par P. Jal, Les Belles Lettres, « CUF », Paris, 1998.

TITE-LIVE, *Histoire romaine*, tome XXI : Livre XXXI, texte établi et traduit par A. Hus, Les Belles Lettres, « CUF », Paris, 1990.

VIRGILE, *Énéide*, texte établi et traduit par J. Perret, (livres I-IV), Les Belles Lettres, « CUF », Paris, 1981

VIRGILE, *Énéide*, texte établi et traduit par J. Perret, (livres V-VIII), Les Belles Lettres, « CUF », Paris, 1982.

VITRUVE, *De l'architecture*, Livre VII, texte établi et traduit par B. Liou et M. Zuinghedau, commenté par M.-Th. Cam, Les Belles Lettres, « CUF », Paris, 1995.

SUGGESTIONS BIBLIOGRAPHIQUES

AUDEGUY S., *Les Monstres, si loin et si proches*, Gallimard, « Découvertes », Paris, 2007.

BALTRUŠAITIS J., *Le Moyen Âge fantastique, Antiquités et exotismes dans l'art gothique*, Flammarion, Paris, 1981.

BORGÈS J. L., *Le Livre des êtres imaginaires*, Gallimard, « L'imaginaire », Paris, 2007 (rééd.).

CÉARD J., *La Nature et les prodiges*, Droz, Genève, 1996.

CUNY-LE CALLET B., *Rome et ses monstres, naissance d'un concept philosophique et rhétorique*, J. Millon, « Horos », Grenoble, 2005.

DANGEL J., « Fama (Rumeur) : un emblème virgilien de rhétorique pervertie », dans *Papers on rhetoric* IV, éd. L. Calboli Montefusco, Herder Editrice, Rome, 2002, p. 89-110.

DELACAMPAGNE A. et C., *Animaux étranges et fabuleux. Un bestiaire fantastique dans l'art*, Mazenod, Citadelles, Paris, 2003.

DUMÉZIL G., *Le Problème des Centaures. Étude de mythologie comparée indo-européenne*, Librairie orientaliste P. Geuthner, Paris, 1929.

DUPONT F., *Les Monstres de Sénèque*, Belin, Paris, 1995.

DURAND G., *Structures anthropologiques de l'imaginaire*, Dunod, Paris, 1992.

GIRARD R., *La Violence et le Sacré*, Grasset, Paris, 1995.

ECO U. (sous la direction de), *Histoire de la laideur*, Flammarion, Paris, 2007 (titre original : *Storia della brutezza*, Bompiani, 2007).

JOLIVET J.-C., « Le monde des Cyclopes, figure d'un monde archaïque », dans *La Représentation du temps dans la poésie augustéenne*, J.P. Schwindt, Heidelberg, 2005, p. 43-70.

JOUTEUR I., « Au miroir de Méduse », dans *Euphrosyne*, volume XXXIII, Lisbonne, juin 2005, p. 365-377.
—, « Scylla, le monstre candide », dans *Actes du XVe Congrès de l'Association Guillaume Budé*, Orléans, août 2003, *La Poétique, théorie et pratique*, Les Belles Lettres, Paris, 2007, p. 607-619.

KAPPLER C., *Monstres, démons et merveilles à la fin du Moyen Âge*, Payot, Paris, 1980.

LAFFON M. et C., *Les Monstres. L'imaginaire de la peur à travers les cultures*, Éd. La Martinière, Paris, 2004.

LASCAULT G., *Le Monstre dans l'art occidental*, Klincksieck, Paris, 1973.

LÉVY C., « Rhétorique et philosophie : la monstruosité politique chez Cicéron », R.E.L., t. 76, (1998), Paris, 1999.

MARTIN E., *Histoire des monstres depuis l'Antiquité jusqu'à nos jours*, précédé de : *Le Désenchantement des monstres* par J.-J. Courtine, J. Millon, Grenoble, 2002.

MOREAU A., *Eschyle : La Violence et le Chaos*, Les Belles Lettres, Paris, 1985.

MOUSSY C., « Esquisse de l'histoire de *monstrum* », R.E.L., t. 55, Paris, 1977, p. 345-369.

Numéro spécial de l'ARELAL-CNARELA, *Monstres antiques, La Chimère, Le Minotaure, Le Centaure, Médée, une galerie de portraits*, supplément au bulletin n° 63, Lyon, septembre 2000.

PIGEAUD J., « La greffe du monstre », R.E.L., t. 66, Paris, 1988, p. 197-218.

SAURON G., « Les monstres au cœur des conflits esthétiques à Rome au Ier siècle avant J.-C. », dans *Revue de l'art*, 1990, n° 90, p. 35-45.

WOLFF-QUENOT M.-J., *Des monstres aux mythes*, Guy Trédaniel Éditeur, Paris, 1996.

INDEX DES AUTEURS ET DES ŒUVRES

INDEX DES MONSTRES

TABLE DES MATIÈRES

Ce volume,
le septième
de la collection « Signets »,
publié aux Éditions Les Belles Lettres,
a été achevé d'imprimer
en avril 2021
par La Manufacture Imprimeur
52202 Langres Cedex, France

N° d'édition : 9873
N° d'impression : 210330
Dépôt légal : avril 2021